창의융합 교과 연계
퍼즐탐정 썰렁홈즈 2 315일간의 우주여행

발행일 2024년 12월 30일

글쓴이 김원섭(동아사이언스)
그린이 김석
펴낸이 이경민

펴낸곳 ㈜동아엠앤비
출판등록 2014년 3월 28일(제25100-2014-000025호)
주소 (03737) 서울특별시 마포구 월드컵북로22길 21, 2층
전화 (편집) 02-392-6901 (마케팅) 02-392-6900
팩스 02-392-6902
전자우편 damnb0401@naver.com
SNS

ISBN 979-11-6363-909-1(74410)
979-11-6363-907-7(세트)

1. 책 가격은 뒤표지에 있습니다.
2. 잘못된 책은 구입한 곳에서 바꿔 드립니다.

도서출판 뭉치는 ㈜동아엠앤비의 어린이 출판 브랜드로, 아이들의 지식을 단단하게 만들어 주고, 아이들의 창의력과 사고력을 키워 주어 우리 자녀들이 융합형 사고뭉치와 창의뭉치로 성장할 수 있도록 좋은 책을 만들겠습니다.

작가의 글

'퍼즐'이라는 단어를 인터넷에 검색해 보면 '어려운 문제, 또는 생각하게 하는 문제'라고 나옵니다. 호기심 동물인 우리 인간은 이런 작고 큰 '문제'를 풀면서 한 단계씩 뇌를 진화시켜 왔습니다. 그런 의미로 퍼즐은 우리 인간과 떼려야 뗄 수 없는 관계로 항상 존재해 왔다고 해도 틀린 말은 아닐 것입니다. 퍼즐탐정인 썰렁홈즈는 그런 우리 인간을 대표하는 가상의 캐릭터입니다. 조금은 어수룩해 보이는 썰렁홈즈를 돕기 위해서 책에 나와 있는 18개 사건을 함께 해결하다 보면 우리의 뇌도 조금씩 진화합니다.

'퍼즐탐정 썰렁홈즈'에는 72개 문제가 들어 있습니다. 서로 다르거나 같은 그림을 찾아내는 관찰력 문제에서부터 주의력이 필요한 미로 문제가 있으며, 도형이나 수열, 방정식과 같은 수학 문제도 들어 있습니다. 수학뿐만 아니라 때로는 교과 과정에 수록된 과학 상식이 필요할 때도 있으며, 과학적 지식이 필요한 낱말을 알아야 풀 수 있는 퍼즐도 있습니다. 썰렁홈즈가 사건을 하나하나 해결할 때마다 여러분들의 머릿속에도 창의력과 추리력, 과학 상식이 차곡차곡 쌓이기를 기대합니다.

'퍼즐탐정 썰렁홈즈'의 또 다른 매력은 엉뚱한 사건의 진행과 허무한 반전 그리고 독특한 캐릭터 이름에 있습니다. 스팸문자의 달인 '머완는지 궁구마니', 괴짜 천문대장 '저벼리 빈나리', 거울나라의 공주 '반대루 댈레나', 국립도서관 사서 '다바쓰믄 돌리도' 등 그 이름만 들어도 알 수 있는 재미있는 캐릭터들이 등장합니다.

독특한 이름의 캐릭터와 함께하는 썰렁한 사건 해결을 통해 두뇌 계발의 묘미와 재미에 푹 빠져 보시기 바랍니다.

김원섭

추천의 글

　사람들은 동물들과는 달리 말과 글을 만들어 내었습니다. 말과 글을 이용하여 사람들은 혼자서는 알아내기 어려운 많은 것들을 다른 사람들로부터 배웁니다. 그런 것이 쌓여서 우리는 문명과 문화를 가지게 된 것입니다. 그러나 말과 글의 일부가 어떤 이유로 가려지거나 변해 버리면 이 모든 것이 퍼즐로 변해 버립니다. 어른들은 10대들이 쓰는 말을 이해하지 못하고, 10대들은 어른들이 쓰는 단어를 알지 못합니다. 그런데 어떤 사람들은 들어 보지 못했던 말이 어떤 의미인지 알아내는 사람이 있습니다. 퍼즐을 풀어내는 사람은 사람들 사이의 오해와 불신을 풀어내는 일을 할 수 있습니다. 숨겨진 뜻을 알아내고 다른 사람들이 이해할 수 있도록 설명해 줍니다. 그래서 사람들이 '아하'라고 하며 무릎을 치도록 합니다.

　퍼즐의 재미는 숨겨져 있는 뜻을 발견하는 데 있습니다. '퍼즐탐정 썰렁홈즈'는 글과 그림 속에 감춰진 뜻을 찾아내라고 던지는 문제들과, 그 안에 숨겨진 이야기들을 설명하고 보여 주는 해설로 이루어져 있습니다. 생각해 보고 답을 읽으며 새로운 이야기를 배우는 과정을 반복하게 됩니다. 그러는 가운데 우리 어린이들은 많은 이야기들을 흥미 있게 읽게 됩니다. 동시에 감추어진 의미를 찾아보는 지적 모험을 하게 됩니다. 많은 이야기를 알게 됨으로써 좀 더 퍼즐을 잘 풀어 낼 수 있게 됩니다. 그리고 흥미와 자신감을 얻어 나가게 되고 흥미로운 퍼즐은 좋은 대화의 소재가 됩니다. 지혜를 뽐내기도 하고 다른 사람의 지혜를 배우기도 합니다. 세상은 퍼즐로 가득 차 있습니다. '퍼즐탐정 썰렁홈즈'에 들어 있는 이야기들은 우리를 신나는 퍼즐의 세계로 안내해 줄 것입니다.

지형범(전 멘사코리아 회장)

셜록 홈즈는 누구인가

사실 사건은 이렇게 시작되었다. 1887년 영국, 희뿌연 안개가 자욱한 어느 날. 복잡하고 미묘한 살인 사건의 해결을 담당한 명탐정 셜록 홈즈가 현장 검증을 하고 있었다. 언제나 그의 옆을 지키고 있던 왓슨과 함께……. 하지만 그 뒤로 아무도 알지 못하는 또 다른 인물이 있었으니 그의 이름은 '설문수', 그는 셜록 홈즈의 사건을 꼼꼼히 적어서 사건 일지를 만들고 있는 조선의 과학 수사관이었다.

그가 남긴 기록은 이루 말할 수 없었다. 왜냐고? 사실 셜록 홈즈의 모든 사건을 꼼꼼히 관찰하여 기록한 사건 일지를 송두리째 잃어버렸기 때문이다. 3년이라는 시간을 허비하고 허무하게 조선 땅으로 돌아온 설문수는 원인 모를 병으로 시름시름 앓다가 한 마디 유언을 남긴 채 세상을 떠나게 된다.

'내가 잃어버린 것을 찾아 다오.'

그 유언을 이어받고 태어난 그의 아들의 아들의 아들이 있었으니 그의 이름이 바로 '설혼주' 그는 증조할아버지의 유언에 따라 잃어버린 것을 다시 찾기로 했다. 그러기 위해서 가장 활동하기 편한 직업을 선택했다. 그것은 바로 '탐정'이었다.

설혼주는 먼저 세계적인 탐정으로 인정받기 위해 이탈리아에서 열리는 국제 탐정 심포지엄에 참석했다. 그런데 이게 웬일? 그 많은 탐정들이 모인 곳에서 도난 사고가 일어났다. 잃어버린 것은 중국의 탐정 '모찬닝'이 아끼는 강아지 '싸똥'이었다. 세계 유명 탐정들도 당황하고 있는 이때, 등장한 인물이 있었으니 바로 우리의 탐정 '설혼주'였다.

"참, 우습군. 이렇게 많은 탐정들 중에서 범인을 찾아내지 못하다니, 내가 간단히 해결하지. 범인은 바로 이 음식을 만든 주방장 '만둥찐당'이오! 아까 잠시 나갔다가 주방으로 들어가는 것을 보았는데, 그의 왼쪽 세 번째 손가락 손톱 끝에 잃어버린 강아지의 털이 있고 그의 오른쪽 콧구멍 아래에도 역시 강아지의 털이 한 개 있었소이다. 게다가 왼쪽 발 두 번째 발가락 사이에도……."

세심하고 놀라운 관찰력에 참석한 모든 탐정들이 입을 쩍 벌렸고 기자들이 몰려들었다. 그리고 사건을 해결한 설혼주는 이탈리아의 유명한 탐정 신문인 '다해겨래'에 대서특필되었다.

'코레아의 위대한 탐정이 사건 해결!

그의 이름은 설렁혼즈(설혼주)'

세계적인 탐정인 설렁혼즈가 탄생하는 순간이었다. 그의 이름은 순식간에 세계로 퍼지게 되었다. **설혼즈, 설렁혼즈, 썰렁혼즈, 썰렁홈즈……**.

그리하여 이 책의 주인공인 썰렁홈즈가 탄생하게 되었다.

잠깐! 그런데 한 가지 여러분들만 알고 넘어갈 일이 있다.

사실 애완견 '싸똥'의 사건은 고등학교 동창인 '만둥찐당'과 썰렁홈즈가 만들어 낸 연극이었다는 사실. 그건 그렇고 증조할아버지의 유언은 언제 해결하남?

퍼즐을 푸는 키포인트

앞에 등장한 등장인물 소개와 배경 설명을 꼼꼼하게 읽은 친구들은 이 책이 뭔가 심상치 않다고 느꼈을 것이다. '과연 무슨 책일까?' 하고 의심을 품은 친구들도 있을 것이다. 이 책을 한 마디로 말하면 '사람들이 가장 좋아하면서도 알쏭달쏭하게 생각하고 또 의아하게 생각하는 퍼즐을 통해 수학의 여러 가지 개념과 자연과학의 지식, 논리력, 사고력, 창의력 계발'을 목적으로 하는 책이라고 할 수 있다. 책을 읽기 전에 '사람들이 가장 좋아하면서도 알쏭달쏭하게 생각하고 또 의아하게 생각하는 퍼즐을 통해 수학의 여러 가지 개념과 자연과학의 지식, 논리력, 사고력, 창의력 계발'이라는 목적 달성을 위해 책을 읽는 방법에 대해 설명하고자 한다.

1. 18개의 사건, 72개의 문제

『퍼즐탐정 썰렁홈즈』에서는 18개의 사건과 72개의 문제가 나온다. 각각의 문제는 논리 사고력 문제, 도형 문제, 수 개념 문제, 미로 찾기, 틀린 그림 찾기, 자연과학 상식 등 다양하게 구성되어 있다. 문제는 물론 썰렁홈즈가 해결하지만 독자인 여러분도 함께 해결해 주어야 한다. 각각의 문제에 도전하여 풀면서 자신의 인내와 논리 사고력을 충분히 시험할 수 있는 계기가 될 것이다.

2. 세계적인 작명가 '머이리 이르미그래'의 활약?!

『퍼즐탐정 썰렁홈즈』의 가장 큰 특징은 재미있는 등장인물의 이름이다. 중국 최고의 만두 요리사 '만둥찐당', 그림자 마왕, '니가머래도 다비쳐', 동굴 탐험가 '어둥글차자스키', 비행기 테러리스트 '뱅기든 다자바'처럼 각각의 성격을 잘 나타내는 이름의 등장인물들은 책의 재미를 더해 준다. 이 사람들은 모두 상상 속의 인물이며 국어의 문법과는 아무런 상관이 없음을 밝혀 둔다. 대신 그 외의 띄어쓰기나 문법은 교과서와 한글 맞춤법 통일안의 띄어쓰기에 기초하고 있다.

3. 퍼즐탐정을 만들어 낸 독특한 일러스트

『퍼즐탐정 썰렁홈즈』의 구성은 다른 퍼즐 책들과는 달리 각각의 이야기가 하나의 사건으로 구성되어 있다. 각 사건을 이끌어 나가는 주인공은 역시 썰렁홈즈! 이 썰렁홈즈에게 주어지는 문제는 일러스트레이터 김석 작가의 독특한 일러스트로 표현되어 있다. 문제에 따라 세심한 관찰력을 요구하기도 하고, 때로는 복잡한 미로를 통과하거나 색깔의 마술에 걸릴지도 모른다. 각 문제의 일러스트는 이야기를 이끌어 나가는 상황을 보여 주기도 하고 과학의 원리를 설명하거나 지식을 전달하는 매개체가 되기도 한다. 퍼즐 푸는 데에만 중점을 두지 말고 일러스트의 표현과 그 속에 담긴 위트까지 읽으면 재미 만점! 효과 만점!

4. 읽고, 보고, 또 공부하자!

18개의 사건으로 구성된 『퍼즐탐정 썰렁홈즈』는 사건 자체가 각각 별도로 구성되어 있다. 처음부터 끝까지 소설책을 읽듯 읽어 나갈 필요가 없다. 각 문제에서 자신이 원하는 사건을 확인해 가면서 18개의 사건을 모두 해결하면 자신도 모르게 논리력과 창의력이 부쩍 늘어나 있음을 확인할 수 있을 것이다.

차례

작가의 글 • **4**
추천의 글 • **5**
썰렁홈즈는 누구인가 • **6**
퍼즐을 푸는 키포인트 • **8**

사건1　미로 왕국의 공주 '이기리 저기리나' • **14**
사건2　땅만파야의 지구 속 대탐험 • **22**
사건3　문자를 없애는 악당 쓰지마라 말로하이 • **30**
사건4　테러범 '아흐 불살라'를 잡아라 • **39**
사건5　공포 영화 대가 '아무셔' 감독의 귀신 체험 • **44**
사건6　귀트르미니 보일러의 수학 숙제 • **50**
사건7　'토니뽕따이'의 잃어버린 코끼리 • **55**
사건8　세종대왕릉의 비밀 통로 • **60**
사건9　잃어버린 숲의 색깔을 찾아서 • **65**

사건10	315일간의 우주여행 •	*70*
사건11	말썽꾸러기 조카, '지지리 마란드러' •	*75*
사건12	산타다굴러스의 허무한 추락 사건 •	*80*
사건13	홈즈의 새로운 단짝 '다무러' •	*87*
사건14	떡국 만드는 로봇 '떡보트' •	*92*
사건15	'지지리 마란드러'의 밀린 숙제 프로젝트 •	*97*
사건16	세계적인 게임의 왕 '누그라도 다이겨' •	*103*
사건17	유관순 열사의 마지막 편지 •	*110*
사건18	종이 나라의 '오려라 공주' •	*116*

정답 및 해설 • *122*

첫 번째 여정
정글 속 미로를 통과하라!

나의기리아 공화국 공항에 내린 홈즈는 입이 떡 벌어졌다.
공항에서 성까지 가는 길 역시 미로 왕국답게 미로로 되어 있었다. 게다가 그 미로는 정글 속에 있어서 더욱 어려움이 있었다.
거대한 아나콘다가 숨어 있는 미로를 지나 성으로 가야 한다.
과연 썰렁홈즈는 아나콘다 미로를 통과하여 성으로 갈 수 있을까? 여러분이 썰렁홈즈를 도와주도록 하자.

 **두 번째 여정**

꼬리에 꼬리를 무는 그림의 방

성에 도착한 썰렁홈즈가 성문을 열자 또 다른 거대한 미로가 나왔다. 그런데 이번 미로는 조금 특이한 것이었다. 마흔아홉 개의 방이 연결되어 있었고 각 방에는 '우비, 박수, 기차, 수박, 기러기, 차표, 쥐며느리, 표주박, 리본, 비행기, 박쥐'의 그림이 하나씩 있었다. 이 미로를 통과하려면 특정한 규칙을 찾아내야 한다.

각각의 그림들은 어떤 관계가 있을까? 그리고 그 방들을 통과하려면 어떤 방을 지나야 할까? 조금 어지럽고 헷갈리지만 규칙을 잘 찾아보면 쉽게 해결할 수도 있다. 과연 썰렁홈즈가 지나가야 할 방은 어떤 방들일까? 단 전후좌우로만 갈 수 있고, 대각선으로는 갈 수 없다. 여러분이라면 어떤 방을 선택할까?

세 번째 여정

저녁 식사는 몇 시에?

그림의 방을 지난 썰렁홈즈는 점점 배가 고파 왔다.

"저녁 식사를 초대한 건지, 아니면 나를 시험하려는 건지 정말 모르겠군. 그래도 끝까지 한번 가 봐야겠지? 이래 봬도 나는 세계적인 퍼즐탐정 썰렁홈즈라고~."

그림의 방을 지난 썰렁홈즈는 또다시 입이 떡 벌어졌다. 썰렁홈즈의 앞에 마흔아홉 개의 시계가 걸려 있는 거대한 벽이 나타났기 때문이다. 문제는 그 많은 시계 가운데 마지막 시계의 바늘이 없다는 것이었다. 그리고 어디선가 이런 말이 메아리처럼 은은히 들려 왔다.

"마지막 시계가 가리킬 시간이 저녁 식사 시간입니다 우다우다우~. 그때까지 다음 방으로 오세욤욤욤욤~. 여기 많은 시계들은 특정한 규칙으로 걸려 있다구용용용용~"

과연 썰렁홈즈의 저녁 식사 시간은 몇 시일까?

네 번째 여정
젓가락을 찾아라~!

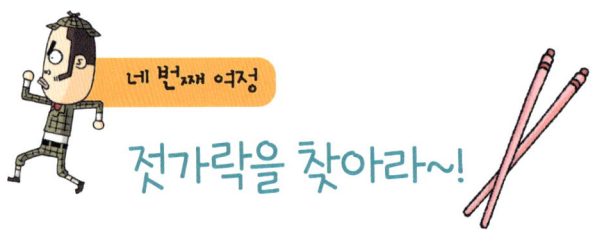

마침내 썰렁홈즈는 공주와 저녁 식사를 하게 되었다. 비행기에서 내려 정글 미로를 지나, 그림의 방을 지나 시계의 벽을 넘어 저녁 식사 장소까지 오게 되었다.

배가 고플 대로 고팠던 썰렁홈즈는 맛있는 음식을 보고 그만 눈물을 흘리고 말았다. 그런데 썰렁홈즈를 더욱 눈물 짓게 하는 일이 벌어졌다.

미로 왕국의 풍습에 따라 사다리 퍼즐을 해서 음식을 먹을 도구를 선택해야 한다는 것이었다. 이제는 퍼즐을 넘어서 운명에 맡기기로 했다.

과연 썰렁홈즈는 무엇을 선택할까?

여러분도 퍼즐 풀이를 떠나 재미있게 선택해 보자.

음식을 먹는 도구로 무엇을 선택할까?

대신 기회는 단 한 번뿐이다.

땅만파야의 지구 속 대탐험

중국의 유명한 땅굴 파기 대가인 '땅만파야'가 썰렁홈즈에게 전화를 걸었다. 얼마 전 협박 편지를 받았다는 것이다. 편지의 내용은 이랬다.

"땅만파야~! 네가 땅을 가장 잘 판다고? 하하하, 그럼 지구 속까지도 팔 수 있을까? 내가 얘기히는 장소를 파기 시작해라. 땅속에는 여러 가지 재미있는 일이 있을 것이다. 만약 파지 않으면 아마 좋지 않은 일이 생길 것이다. 어디까지 파야 하냐고? 지…… 구…… 속…… 끝…… 까…… 지…….''

장난스럽게 들리기는 했지만 무시했다가는 큰일을 당할 수도 있다는 생각이 든 땅만파야는 결국 썰렁홈즈와 함께 땅을 파고 들어가기로 했다. 그런데 땅을 파라고 하는 장소는 다름 아닌 썰렁홈즈의 집 앞마당이었다.

 문제 1

지구 속 구조를 밝혀라!

지구의 내부 구조

지각
핵
맨틀

1. 지금 서 있는 곳은 지구의 가장 바깥쪽 표면이다. 이곳을 무엇이라고 하는가?

2. 지구 속으로 들어가 맨틀이 시작되는 부분까지 왔다. 이곳을 무엇이라고 부르는가?

3. 지구 속 100km까지 들어왔다고 하자. 이곳의 이름은 무엇인가?

4. 2900km까지 들어왔다. 구텐베르크 불연속면이라 부르는 이곳은 어디인가?

5. 이제 중심까지 들어왔다. 이곳을 무엇이라고 하는가?

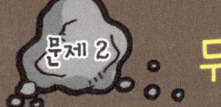 ## 뒤바뀐 단층을 찾아라

일단 문제를 푼 썰렁홈즈와 땅만파야는 편지에 나와 있는 것처럼 썰렁홈즈의 집 앞마당을 파기 시작했다.

세계적인 땅굴 파기의 대가인 땅만파야는 정말 무서운 속도로 땅을 파기 시작했다.

얼마나 들어갔을까?

계속 파 내려가니 거대한 동굴 같은 곳이 나왔고, 그곳에 또 다른 편지가 놓여 있었다.

"일단 1단계를 통과했군. 여기에서 문제를 하나 내지. 앞에 보면 거대한 지층이 드러난 절벽이 보일 것이다. 여기에는 지층이 끊어져 생긴 단층이 있다. 하지만 뭔가 뒤바뀐 부분이 하나 있지. 그것이 어떤 것인지 찾아보도록 해라!"

 ## 지진을 통과하라!

문제를 푼 땅만파야와 썰렁홈즈는 다시 땅을 파고 들어가기 시작했다. 그런데 갑자기 땅이 흔들리면서 지진이 일어났다. 위기에 빠진 썰렁홈즈와 땅만파야……. 이때 어디선가 무슨 소리가 들려왔다.

"지진 문제를 풀 때가 왔군. 지진이 만드는 지진파는 S파와 P파로 구분하지. S파는 고체만 통과하고, P파는 고체와 액체 모두를 통과한다. 다음의 그림은 지진이 일어나서 지진파가 전달되는 과정을 그린 것이다. 그중 잘못된 것은 무엇일까?"

지구 내부 구조를 알면 쉽게 풀 수 있는 문제이다. 외핵은 액체, 내핵은 고체로 되어 있다는 것이 힌트!

문제 4
용암을 타고 탈출하라!

 지진이 지나간 다음 갑자기 뜨거워지는 것을 느꼈다. 바로 화산이었다.
 "이번엔 화산이다! 화산은 땅속 깊이에 있는 마그마와 가스가 지각의 약한 부분을 뚫고 나오는 것을 말하지. 자, 그럼 마그마를 타고 밖으로 나가 볼까? 여기 마그마를 타고 밖으로 나갈 수 있는 탐사선이 있다. 어떤 것을 타야 밖으로 나갈 수 있을까? 선택은 단 한 번이다~!"
 문제는 사다리 미로였다.

정말 어렵군...

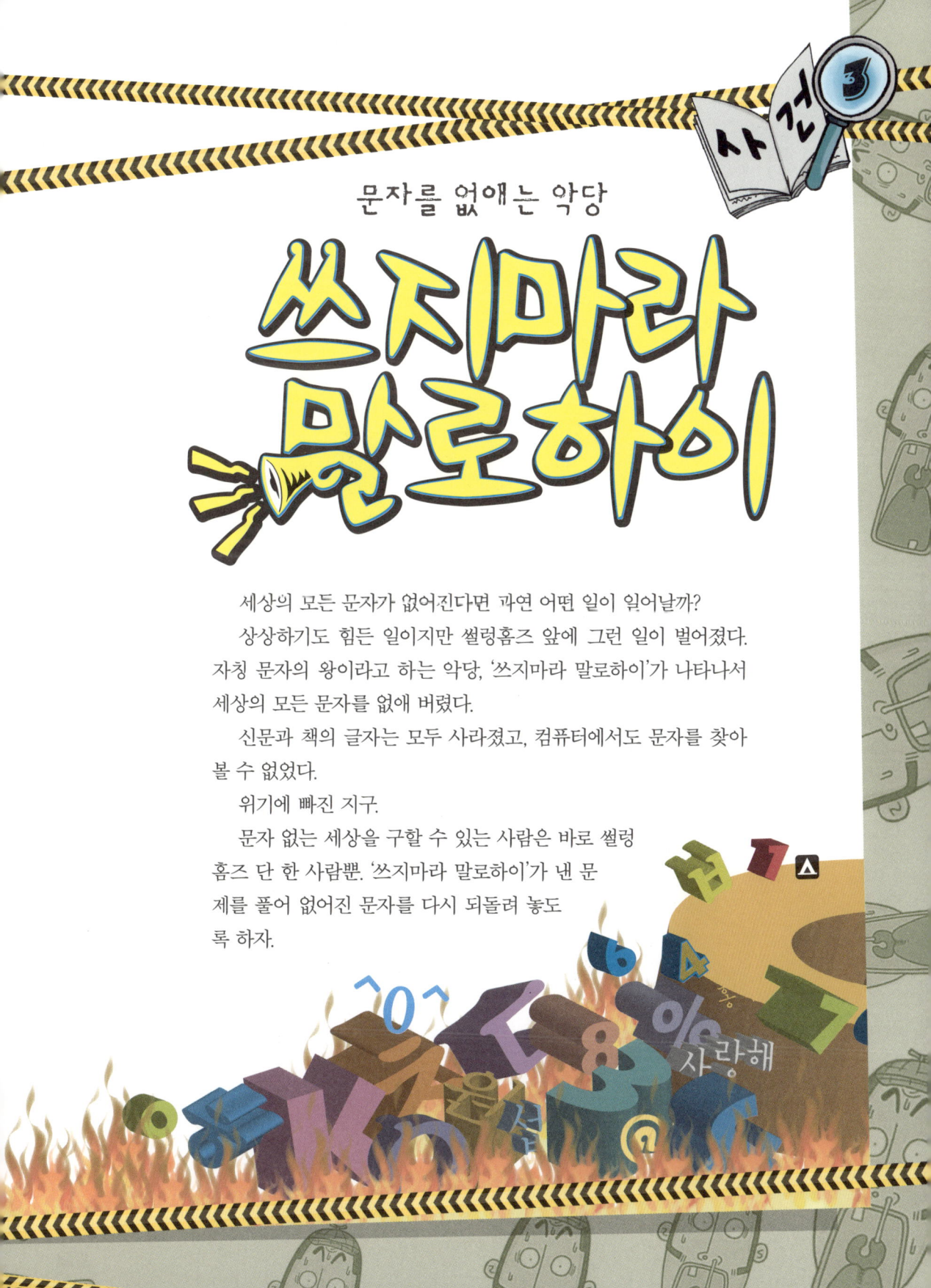

문제 1
문자의 길을 만들어라!

사라진 문자를 되돌리기 위한 첫 번째 문제는 문자의 길을 완성하는 것이다. 끝말잇기 퍼즐로 되어 있는 길을 완성하여 악당 '쓰지마라 말로하이'가 있는 곳으로 가 보도록 하자.

1. 케첩의 원료가 되는 가지과의 식물
2. 금요일과 일요일 사이
3. 일본 사람이 사용하는 언어
4. 어른의 반대말
5. 어머니의 여자 형제
6. 머리에 써서 햇볕을 가려 준다.
7. 거북과 비슷하게 생긴 파충류
8. 신○○, 진○○, 컵○○
9. 결혼식 때 신부가 머리에 쓰는 흰색 천
10. 던지는 사람은 투수. 받는 사람은 ○○
11. 물속 생물들을 기르고 관람하는 시설
12. 다른 지방이나 나라의 풍물, 풍속을 구경함
13. 8월 15일
14. 곡식을 빻거나 찧을 때 쓰는 도구
15. 주변에 담은 여덟 가지 음식을 가운데 놓은 밀전병에 싸서 먹는 음식
16. 죽순이나 대나무 잎을 주로 먹는 중국의 대표적인 동물
17. 반딧불이의 먹이인 민물고둥. 무주에 서식처가 천연기념물로 지정
18. 기억을 잃어버린 증상
19. 증기 기관을 원동력으로 달리는 기관차
20. 기차나 버스의 승무원

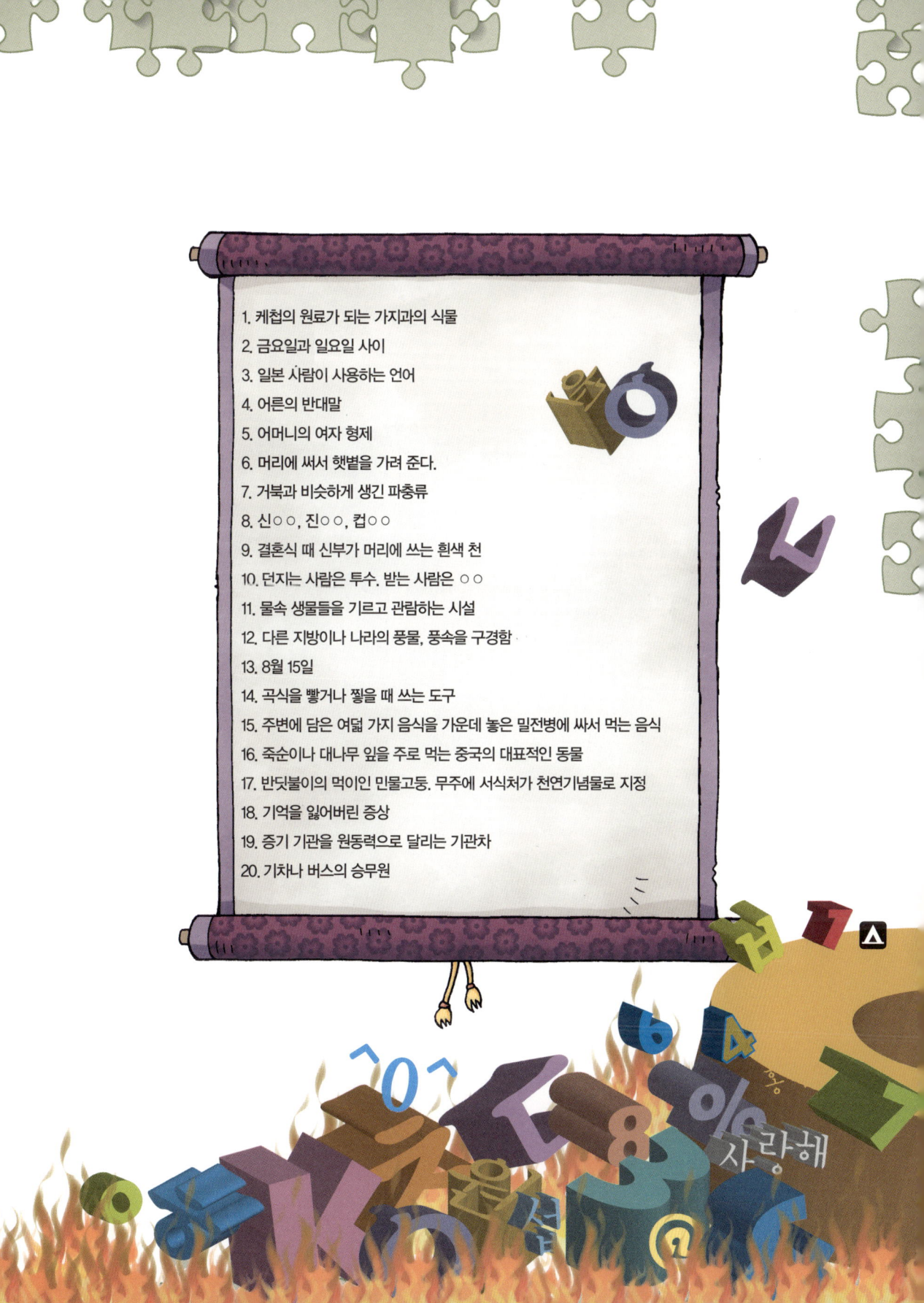

문제 2
비밀의 문자를 밝혀라

"오른쪽으로돌려서안된다"

문자의 길을 따라가 보니 이상한 두 개의 문이 나왔다.
그 문 위에는 이상한 그림이 그려져 있었다.
두 개의 문 위에 그려진 이상한 그림은 마치 무슨 말을 써 놓은 비밀 편지처럼 보였다.

"그래! 이 그림은 두 개의 문 중에서 하나를 선택하게 하는 일종의 비밀 문자 같은 거야!"
썰렁홈즈는 혼자서 중얼거리며 그림을 자세히 살펴보았다.
"그래! 문자를 이용한 아주 간단한 문제로군!"

과연 썰렁홈즈가 찾아낸 것은 무엇일까?
과연 문 위의 그림이 의미하는 것은 무엇일까?

썰렁홈즈는 어떤 문으로 들어가야 할지
여러분이 알려 주도록 하자.

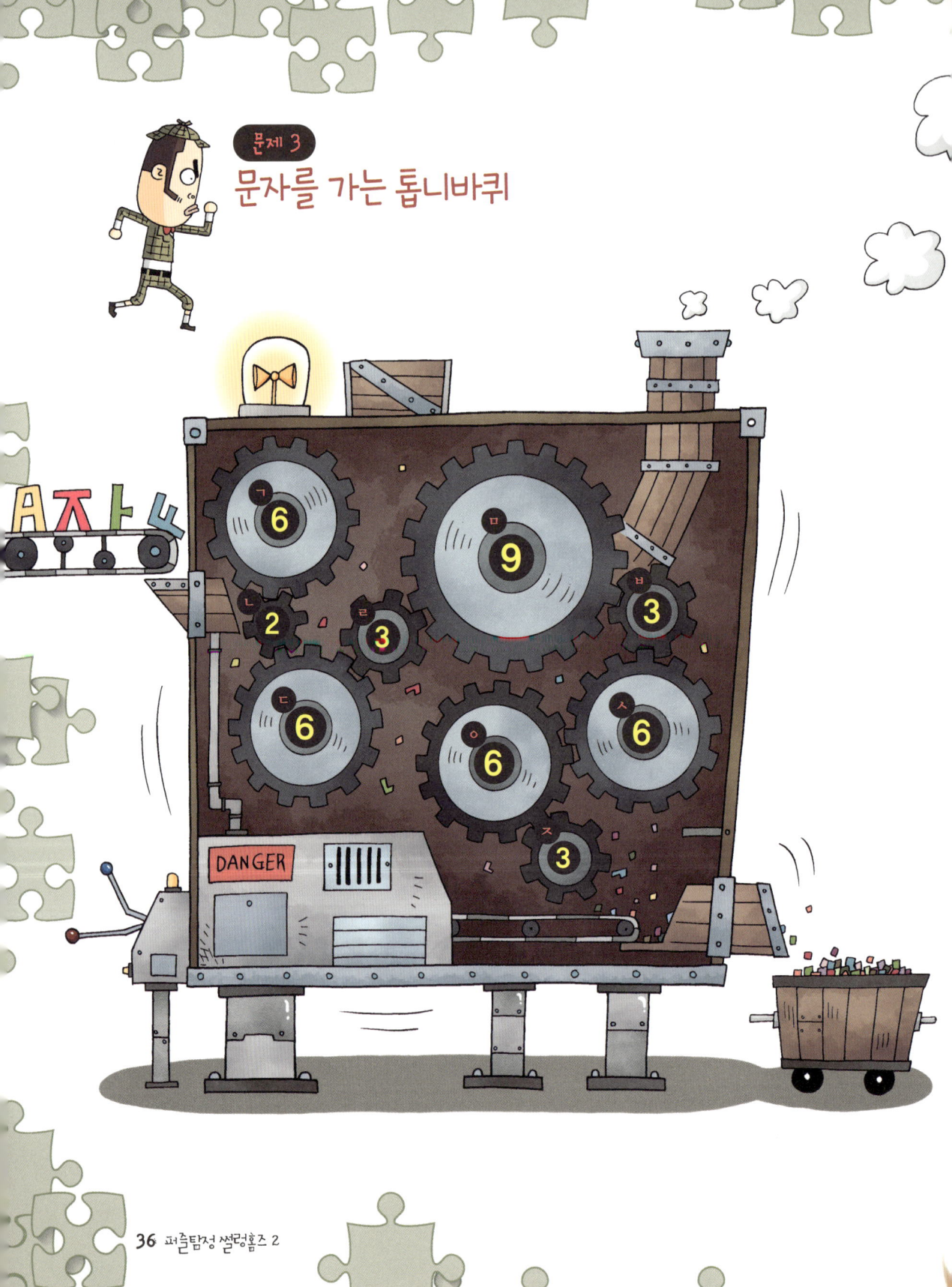

문을 열고 들어간 썰렁홈즈 앞에는 거대한 톱니바퀴들이 있는 방이 나타났다.

그 방에는 여러 개의 톱니바퀴가 맞물려 돌아가고 있었고, 톱니바퀴가 돌아가면서 문자들이 하나씩 갈아져 없어지고 있었다.

이때 어디에서인가 악당의 목소리가 들려왔다.

"다음 톱니바퀴는 서로 맞물려서 돌아가고 있다.
각 톱니바퀴에 표시된 숫자는 지름을 나타낸다.
하지만 톱니의 크기는 모두 같다.
첫 번째 톱니바퀴가 여섯 바퀴 돌 때 'ㅅ' 바퀴는 과연 몇 바퀴나 돌아갈까?

이 톱니바퀴를 멈추고 싶다면
문제를 알아맞혀 보아라!"

문제 4
달아나는 악당을 잡아라~!

문자를 갈아 없애는 톱니바퀴 기계를 멈춘 썰렁홈즈는 악당 쓰지마라 말로하이를 찾아냈다. 하지만 한발 앞서 쓰지마라 말로하이는 자신이 만든 로켓을 타고 도망치고 있었다.

쓰지마라 말로하이의 로켓은 특수 합금으로 만들어져 굉장히 강했다. 단 하나 약점이라면 로켓 맨 뒤에 달려 있는 안테나였다.

썰렁홈즈는 레이저를 쏘아 그 안테나를 맞히려고 한다. 여덟 개의 레이저 총 중에서 안테나를 정확히 맞힐 수 있는 총은 어떤 것일까?

빛은 직진한다는 성질을 잘 생각해 보면 쉽게 알아맞힐 수 있다. 단 레이저 총은 고정되어 움직일 수 없다.

사건 4
테러범 '아흐 불살라'를 잡아라

무더운 여름, 썰렁홈즈는 자신만의 특별한 피서(?)를 즐기기로 했다.
바로 미국 뉴욕의 유명한 국제공항인 JFK 공항에서 테러범을 감시하는 경비 대장의 역할을 맡은 것이다. 얼마 전에 공항을 폭파하겠다는 테러범 '아흐 불살라'의 협박 편지가 왔었다. 썰렁홈즈는 아흐 불살라를 찾기 위해 공항으로 달려갔다. 공항 시설과 여러 가지 경비 시스템을 둘러본 썰렁홈즈는 본격적으로 테러범 '아흐 불살라'를 찾기 시작하는데……. 과연 썰렁홈즈는 테러범 '아흐 불살라'를 찾아낼 수 있을까? 여러분도 썰렁홈즈가 테러범을 찾아낼 수 있도록 도와주도록 하자.

행동 1
가장 훌륭한 수색견은?

테러범을 찾기 위해 맨 먼저 한 일은 가장 훌륭한 수색견을 선발하는 것이었다. 개는 인간의 후각보다 1만 배, 청각은 40배 이상의 능력을 가지고 있어서 테러범을 찾아내는 데 훌륭한 역할을 해 줄 것으로 생각했기 때문이다.

썰렁홈즈는 여섯 명 중 세 명에게 무기를 나눠 준 뒤 수색견에게 무기를 가지고 있는 사람을 찾아내도록 했다. 전 세계의 유명한 수색견 중에서 네 마리가 최종 선발되었지만 무기를 가지고 있는 사람을 정확하게 찾아낸 수색견은 단 한 마리뿐이었다. 과연 몇 번 수색견일까? 무기를 가진 사람의 옷을 물어뜯은 수색견이 최고의 수색견으로 뽑힌다.

행동 2

진짜 여권은 어떤 것?

공항을 감시하던 썰렁홈즈는 희한한 일을 겪게 되었다. 어떤 가방에서 똑같은 사람의 여권이 다섯 개나 발견된 것이다. 분명 이 중 하나만 진짜이고 다른 네 개의 여권은 모두 가짜이다. 그 여권의 주인은 악명 높은 테러리스트인 '아흐 불살라'로 특수 경찰에서는 이 사람의 여권 원본의 복사본을 가지고 있었다.

원본의 복사본과 다섯 개의 여권을 비교하여 어떤 것이 진짜이고, 어떤 여권이 가짜인지 찾아보도록 하자.

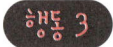

엑스레이로 무기를 찾아내라!

    가짜 여권을 찾아낸 썰렁홈즈는 공항의 가장 유명한 감시 시스템인 엑스레이 투시 장비를 이용해서 다른 가방들도 수색하기로 했다.

    엑스레이 투시 장비는 물체에 엑스레이를 쏘아 속을 들여다볼 수 있는 것으로, 가방을 열지 않고도 가방 안에 들어 있는 물체의 내용을 알 수 있도록 만든 장치이다.

    과연 어떤 가방에 무기가 숨겨져 있을까?

    엑스레이 투시 장비로 무기가 든 가방을 찾아내 보도록 하자.

행동 4
시한폭탄을 제거하라!

가방을 수색하던 썰렁홈즈는 마침내 폭발물을 찾아냈다.

그런데 이 폭발물은 정해진 시간 뒤에 폭발하게 되어 있는 시한폭탄이었다. 썰렁홈즈에게 주어진 시간은 단 18분 37초. 이 시한폭탄을 제거하기 위해서는 폭탄에 붙어 있는 전선을 잘라 내야 한다.

긴박한 상황. 썰렁홈즈는 과연 어떤 전선들을 잘라 내야 할까?

이 폭탄을 제거하려면 다음의 조건을 따라야 한다.
1. 5의 배수가 되는 전선을 자르면 안 된다.
2. 빨간색 전선을 자르면 안 된다.
3. 24의 약수 중 짝수는 자르면 안 된다.

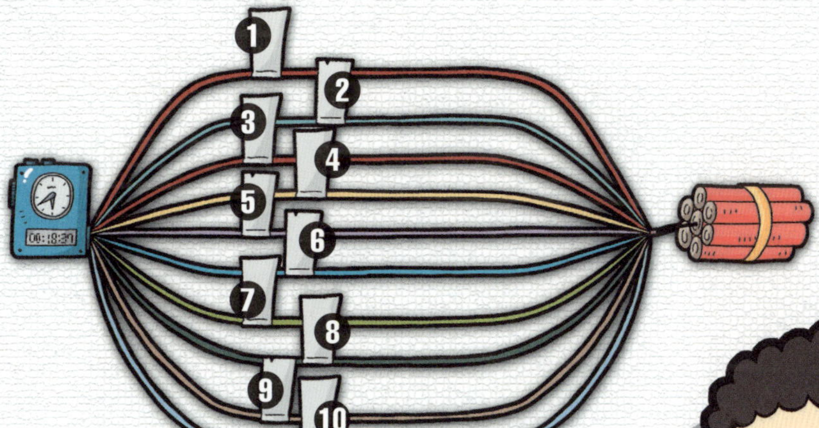

공포영화 대가 '아무셔' 감독의 귀신체험

태국의 유명한 공포 영화 감독인 '아무셔'가 썰렁홈즈에게 급하게 연락을 했다. 올여름에 개봉을 앞둔 영화 '귀곡 산장의 비밀'을 촬영하던 중에 이상한 일들이 벌어졌다는 것이다.

곳곳에 배우가 아닌 진짜 귀신이 나타나고 직접 사진을 찍은 사람도 있었다는 것이다.

이런 소문이 돌자 기자들이 찾아오고, 급기야 영화 촬영은 잠시 중단되었다.

정말 공포 영화 촬영장에 귀신이 나타난 것일까? 아니면 누군가의 장난일까?! 하여간 썰렁홈즈와 함께 귀신이 나타났다는 촬영장으로 가 보도록 하자.

그런데 어째 조금 으스스…….

비밀 1 사진 속에 귀신이 있다?!

귀신 소동은 처음 한 장의 사진에서 시작되었다. 영화의 홍보를 위해 촬영 장면을 사진으로 찍어 두었는데, 그중에서 이상한 사진을 발견했다는 것이다. 여러 배우들이 모여 있는 장면을 찍었는데, 아무리 생각해도 한 사람이 더 있다는 것이다. 그렇다면 정말로 귀신이 사진에 찍혔다는 것인가? 사진 속에서 배우가 아닌 다른 한 사람은 과연 누구일까? 사진 속 귀신은 다리가 없다.

비밀 2 귀신이 나타나는 거울?!

다음으로 이상한 것은 바로 소품용 거울이었다. 이 거울은 원래 상을 비추면 거꾸로 나타나도록 특수하게 제작한 거울인데, 거울 앞에 서면 정말로 이상한 일이 벌어진다는 것이다. 썰렁홈즈는 사실을 확인하기 위해 애써 태연한 척하면서 배우들과 함께 거울 앞으로 다가섰다.

거울은 정말 이상한 거울일까? 거울은 뒤집어서 보이게 만들었을 뿐 다른 아무런 장치도 없다고 한다. 거울 속에서 이상한 부분은 무엇일까? 썰렁홈즈와 함께 찾아보도록 하자.

비밀 3 어둠 속에 나타난 귀신

귀곡 산장이 갑자기 정전이 되어 버렸다. 사방에서 사람들이 비명 소리를 질러 댔고, 촬영장은 아수라장이 되어 버렸다. 이때 어디선가 "으~악! 귀신이다!"라는 소리가 들려왔다.
　어둠이 깔려 있는 귀곡 산장의 창으로 들어온 달빛에 비친 배우들의 모습이 뭔가 이상하다. 그림자에 비친 네 사람의 모습에서 각각 잘못된 부분은 어디일까?
　이 그림자는 정말 귀신의 장난일까?

비밀 4 — 귀신의 머리카락 속에……

"전기가 들어왔다!"라는 소리와 동시에 온몸에 소름이 돋게 하는 날카로운 비명 소리가 들려왔다. 장소는 바로 귀곡 산장의 2층에 있는 침실이었다. 썰렁홈즈는 재빨리 2층의 침실로 올라갔다. 침실 벽에는 '머리카락 속에……'라는 빨간색 글씨가 커다랗게 쓰여 있었고, 촬영용 텔레비전에서는 머리를 풀어헤친 귀신이 기어 나오고 있는 것이 아닌가?! 썰렁홈즈와 사람들은 소스라치게 놀랐지만 썰렁홈즈는 귀신의 머리카락에서 사건의 결정적인 단서를 찾아냈다. 썰렁홈즈가 찾아낸 단서는 과연 무엇일까?

　스위스의 수학자 레온하르트 오일러의 멀고 먼 친척인 '귀트르미니 보일러'가 초등학교에 들어가게 되었다. 하지만 유명한 수학자 오일러의 명성답지 않게 수학을 가장 못 하는 것이 문제였다! 그래서 보일러의 수학 선생님인 '수짜로니 다아러'는 항상 고민에 싸여 있었다. 그러던 중 생각해 낸 것이 재미있고도 어려운 숫자 퍼즐 숙제였다.
　만약 그 문제를 풀지 못하면 보일러가 가장 좋아하는 축구를 못 하게 한다는 것이다. 보일러는 궁리 끝에 썰렁홈즈에게 도움을 요청했다.
　썰렁홈즈는 비록 숙제지만 보일러에게 수학의 재미를 일깨워 줄 생각으로 흔쾌히 승낙했다. 수학 선생님이 낸 문제는 어떤 문제일까? 혹시 썰렁홈즈도 못 푸는 것은 아닐까?

첫 번째 수학 숙제

빈칸에 들어갈 숫자는?

첫 번째 문제는 일정한 공간에 숫자나 문자를 특별한 성격에 따라 배열한 '마방진'에 관한 문제였다. 문제는 아홉 개의 빈칸에 1에서부터 9까지의 숫자를 넣되 가로, 세로, 대각선의 합이 모두 같아야 한다는 것이다.

그런데 이미 2, 4, 6, 8, 네 개의 숫자가 들어 있었다. 나머지 1, 3, 5, 7, 9만 빈칸에 넣으면 된다.

"이거 너무 쉬운 것 아니야? 이 정도는 혼자서도 쉽게 풀 수 있겠지?"

썰렁홈즈는 보일러가 직접 문제를 해결할 수 있도록 기회를 주었다. 가로, 세로, 대각선의 합이 같아지려면 어떤 숫자를 넣어야 할까?

두 번째 수학 숙제

또 빈칸에 들어갈 숫자는?

첫 번째 문제는 쉽게 해결했다. "이 정도쯤이야." 하고 안심한 보일러와 썰렁홈즈였지만 두 번째 문제를 보는 순간 깜짝 놀랐다. 첫 번째 문제의 아홉 배가 되는 81개의 칸이 그려진 그림이 나타난 것이다.

이번 문제 역시 빈칸을 채우는 문제이다. 가로, 세로 모두 1에서 9까지의 숫자를 겹치지 않게 넣는 것이다.

하지만 앞의 첫 번째 문제와는 달리 가로, 세로, 대각선의 합이 같을 필요는 없다. 빈칸에 맞는 숫자를 넣으려면 어떻게 할까?

이제는 썰렁홈즈도 쉽지 않겠는걸?

세 번째 수학 숙제

점을 연결한 사각형

두 번째 문제를 푼 보일러와 썰렁홈즈는 세 번째 문제를 풀기로 했다. 이 문제는 조금 다른 형태였다.

"여기 사각형 안에 점과 숫자가 있다. 점을 연결하여 정사각형 또는 직사각형을 만드는 문제이다. 단, 점을 연결하여 만들어지는 사각형 안의 작은 사각형의 개수가 그 안에 있는 숫자와 같아야 한다."

예를 잘 보고 문제를 풀어 보자.

네 번째 수학 숙제

점을 연결한 사각형

"방법만 알면 쉬운 문제잖아? 마치 컴퓨터 게임의 지뢰 찾기를 하는 것 같아!"

세 번째 문제까지 모두 푼 보일러와 썰렁홈즈는 자신감이 생겼다. 하지만 네 번째 문제는 비록 세 번째 문제와 형식은 같았지만 왠지 만만해 보이지가 않았다. 이제 마지막 문제만 풀면 되는데…….

과연 보일러와 썰렁홈즈는 수학 선생님이 낸 마지막 문제까지 모두 풀 수 있을까?

태국의 유명한 무에타이 선수인 '토니뽕따이'가 썰렁홈즈에게 도움을 요청했다. 착시를 이용해 세상을 혼란에 빠뜨리려는 악당 '휘둥구라이'가 자신이 가장 아끼는 코끼리를 납치해 갔다는 것이다.

토니뽕따이는 코끼리를 납치한 악당의 집으로 찾아갔으나 착시의 문을 통과하지 못해 결국 되돌아와야만 했던 것이다. 착시의 문은 과연 어떤 것일까? 썰렁홈즈의 날카로운(?) 눈으로 과연 착시의 문을 통과할 수 있을까?

네 번째 착시의 문

"그래! 제법이군. 이제 마지막 관문이다. 여기에는 내 이름이 숨겨져 있다. 이름에 맞는 버튼을 누르면 문이 열릴 것이다. 그리고 이 문을 통과하면 네 코끼리를 만날 수 있을 것이다."

매직 카펫이 깔려 있는 방을 통과하고 드디어 마지막 관문까지 오게 된 썰렁홈즈와 토니뽕따이는 마지막 관문까지 통과해서 코끼리를 찾을 수 있을까? 그리고 착시 악당은 과연 어떤 모습일까?

사건 8 세종대왕릉의 비밀 통로

　10월 9일 한글날을 맞이하여 세종대왕릉을 찾은 썰렁홈즈에게 특이한 소식이 전해졌다. 세종대왕릉에 비밀 통로가 있다는 기록을 찾았다는 것이다. 기록에 따르면 세종대왕의 업적을 오랫동안 보전하기 위해 집현전 학자들이 미리 비밀 통로를 만들어 유물을 보관했다는 것이다. 물론 유물을 쉽게 찾지 못하도록 통로 안에는 여러 가지 비밀 장치가 되어 있다고 한다. 세종대왕릉의 알려지지 않은 비밀 통로는 어디이고, 그 속에 담긴 유물은 과연 무엇일까?

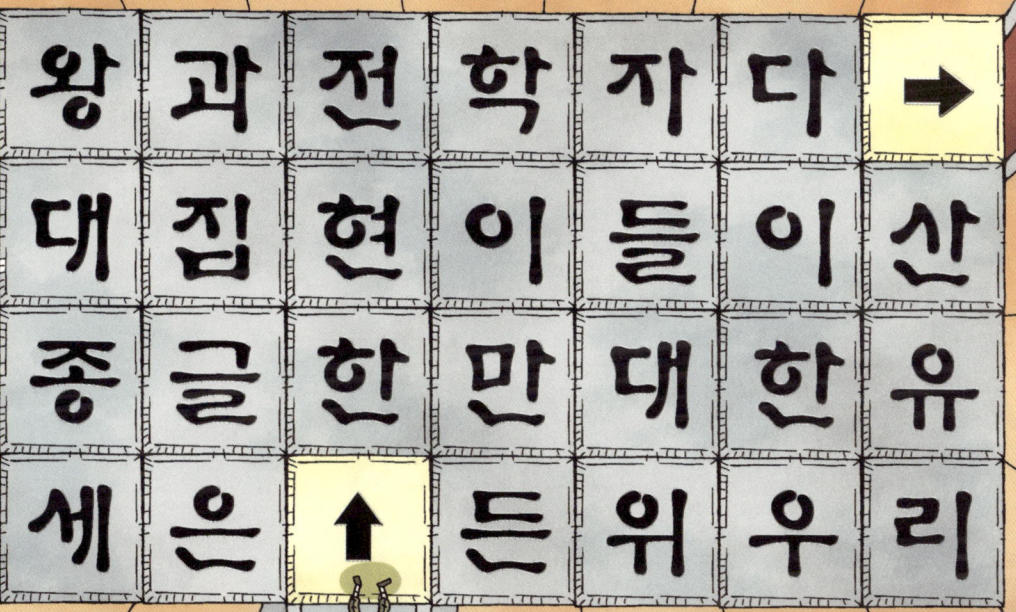

첫 번째 비밀의 통로
한글이 새겨진 활자판

썰렁홈즈는 비밀 통로를 찾기 위해 고고학자들과 함께 세종대왕릉을 자세히 살펴보았다. 그런데 이게 웬일인가? 세종대왕릉에서 불과 50여 미터 떨어진 곳의 큰 바위 아래에 지하로 들어가는 통로를 발견한 것이다. 썰렁홈즈와 고고학자들은 조심스레 안으로 들어갔다.

썰렁홈즈의 앞에 첫 번째로 나타난 것은 한글이 새겨진 거대한 방이었다. 말을 이어 다음 통로로 이동해야 하며, 만약 잘못 밟으면 방 아래의 구덩이로 빠져 버리게 되어 있었다.

어떤 말이 이어져 있을까? 썰렁홈즈와 함께 비밀 통로를 따라가 보자.

두 번째 비밀의 통로
세종대왕의 이상한 초상화

방을 지나온 썰렁홈즈와 고고학자들 앞에 수십 개의 얼굴이 그려진 세종대왕의 초상화가 나타났다. 하지만 뭔가 이상한 점이 있었다. 초상화에 그려진 세종대왕의 시선이 어떤 방향을 나타내고 있었기 때문이다.

"그래! 이 초상화는 일종의 통로 지도야! 시선을 따라 만들어진 통로를 따라가면 된다구!"

뭔가 힌트를 얻은 썰렁홈즈. 과연 시선이 가리키는 방향은 어디일까? 화살표를 시작으로 초상화의 시선이 이끄는 방향으로 선을 그어 보자. 나가는 화살표까지 선을 이으면 성공이다!

세 번째 비밀의 통로
자음 열쇠를 모아라~!

초상화가 이끄는 대로 따라가 보니 커다란 또 하나의 통로가 나타났다. 이번에는 'ㄱ'에서 'ㅊ'까지 한글의 자음 열쇠가 놓여 있는 통로로서, 각각의 자음 열쇠를 모두 모아 빠져나가도록 되어 있었다. 단 같은 곳을 두 번 지나서는 안 되고, 하나의 자음 열쇠 하나라도 빠뜨리고 지나쳐서도 안 된다. 또 열쇠가 아닌 다른 곳으로 가면 뱀에 물리거나 영영 빠져나오지 못할 수도 있다. 과연 썰렁홈즈와 고고학자들은 통로를 통과할 수 있을까?

네 번째 비밀의 통로
모음의 계단을 통과하라~!

자음 열쇠를 모두 모아 통과하고 나니 이상한 계단이 놓여 있는 커다란 방이 나타났다. 자세히 보니 그 계단은 모음들로 이루어진 이상한 계단의 방이었다.
이번이 마지막 관문으로 계단을 지나면 유물이 보관되어 있는 방으로 갈 수 있다. 무엇일까? 이상한 모음의 방에서 어디로 가야 유물의 방으로 갈 수 있을까?
또 비밀 통로 끝에 숨겨진 유물은 과연 어떤 것일까?

잃어버린 숲의 색깔을 찾아서

선선한 바람, 맑은 가을 하늘을 보고 싶었던 썰렁홈즈는 친구들과 함께 등산을 하기로 했다.

알록달록 예쁘게 옷을 갈아입은 단풍을 보고 싶었던 썰렁홈즈였으나 이게 웬일인가?! 찾아간 산에는 색깔을 모두 잃어버린 삭막한 숲만이 썰렁홈즈를 반기고 있는 것이 아닌가? 어떻게 된 일일까?

이유를 알아보니 썰렁홈즈를 그려 주는 일러스트레이터인 김식 작가가 피로에 지쳐 색을 칠하기 전에 그만 잠이 들어 버렸다는 것이다.

황당한 썰렁홈즈는 사태를 수습하기 위해 나섰는데…….

miSSion 1
밤송이 길을 통과하라

잃어버린 숲의 색깔을 찾기 위해서는 김석 작가를 깨워야 한다. 썰렁홈즈는 재빨리 숲을 내려가 김석 작가의 집으로 찾아가기로 했다. 하지만 빠른 길로 가기 위해서는 밤송이가 놓여 있는 길을 피해서 가야 한다. 썰렁홈즈가 김석 작가의 집을 찾아갈 수 있도록 여러분이 도와 주도록 하자. 밤송이를 피해 김석 작가의 집으로 찾아가기 위해서는 어디로 가야 할까?

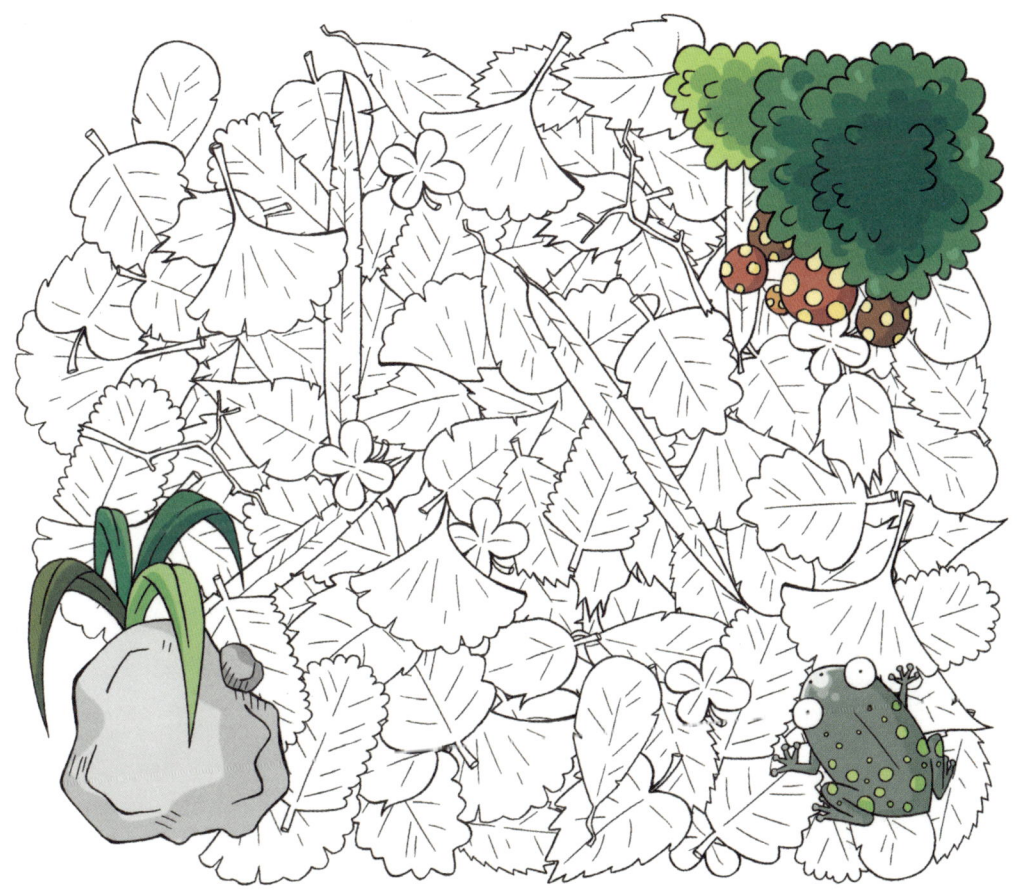

miSSion 2
노란색을 띠는 카로틴, 크산토필

잠을 깨우는 데 성공한 썰렁홈즈는 숲의 색깔을 되찾아 주기 위해서 다시 나섰다. 은행나무의 잎이 노란색을 띠는 것은 카로틴과 크산토필이라는 색소 때문이다. 녹색을 띠는 클로로필이라는 색소가 파괴되면서 녹색이 사라지고 노란색이 나타나는 것이다. 숲에 떨어진 낙엽 중에서 은행잎을 찾아 노랗게 색칠해 보자. 여러분의 손으로 직접 숲의 노란색을 찾아 주도록 하자.

miSSion 3
붉은색을 띠는 안토시아닌

노란색을 찾은 숲은 점점 활기를 띠기 시작했다. 이제는 붉은색을 찾아 주도록 하자. 단풍이 붉게 물드는 이유는 안토시아닌이라는 색소 때문이다. 안토시아닌은 가을이 되면서 새로 만들어지는 색소다. 붉은색을 띠는 대표적인 식물은 단풍이다! 그림에서 단풍잎을 찾아 붉게 색칠해 보자. 노란색과 붉은색이 곱게 수놓아지는 가을 숲을 만들어 보자. 썰렁홈즈야~, 준비됐니?

miSSion 4
나이테를 찾아서

숲은 드디어 색깔을 찾았다. 형형색색의 아름다운 단풍이 눈에 들어왔다. 이제 완연한 가을의 모습이 되었다. 하지만 숲 한편에는 눈살을 찌푸리게 하는 장면이 벌어졌다. 누군가 숲의 나무를 베어 버린 것이다. 썰렁홈즈는 베어진 나무를 다시 맞춰 세우기로 했다. 베어진 나무와 그에 맞는 그루터기를 확인하는 방법은 서로 같은 나이테를 찾는 것이다. 나이테는 계절에 따라 성장하는 속도가 달라 생기는 것으로 각 나무마다 서로 다른 나이테가 생긴다.

그루터기와 쓰러진 나무의 나이테를 잘 관찰하여 줄을 이어 보자.

　　세계적인 발명가 '돈 데니 다맹글러'가 우주여행을 할 수 있는 우주선을 만들었다. 가장 먼저 우주선 탑승의 영광을 얻은 것은 바로 썰렁홈즈였고, 찾아갈 곳은 머나먼 은하에 위치한 PT-28이라는 행성이었다.
　　우주여행의 부푼 꿈을 안고 우주선에 오른 퍼즐탐정 썰렁홈즈.
　　과연 우주여행은 순조롭게 이루어질까? 썰렁홈즈가 우주여행을 무사히 마치고 돌아올 수 있도록 우리 친구들이 도와주도록 하자.

미션1
행성 PT-28까지는 얼마나 걸릴까?

썰렁홈즈가 탄 우주선이 드디어 카운트다운을 시작했다. "5, 4, 3, 2, 1, ······ 발사!"
우주여행의 두근거리는 마음도 잠시였다. 조종석의 거리 제어 램프에 빨간 불이 깜빡거렸다. 우주선 자동제어 장치에 도착 시간 입력을 잊고 있었던 것이다. 만약 예상 시간을 입력하지 않으면, 길을 잃어 우주 미아가 될 수도 있는 상황이었다.

우주선이 초속 30km로 날며 행성 PT-28까지 200광년 떨어져 있다고 할 때 우주선이 행성까지 가는 시간은 얼마나 될까? 단 빛의 속도는 초속 300000km이며, 속도는 거리를 시간으로 나눈 값이다.

 **미션 2**

외계인은 모두 몇 명일까?

너무 많은 시간이 걸린다는 것을 안 썰렁홈즈는 순간 이동을 할 수 있는 장치를 사용하기로 했다.

우여곡절 끝에 행성 PT-28에 도착한 썰렁홈즈는 잠시 정신을 잃었다. 그러다가 정신을 차려 보니 외계인들에게 둘러싸여 있는 것이 아닌가?

썰렁홈즈 앞에 나타난 외계인 중 2분의 1은 빨간색, 4분의 1은 노란색, 6분의 1은 녹색, 나머지 세 명의 외계인은 파란색 피부를 가지고 있었다. 썰렁홈즈는 처음 만난 외계인에 대한 기록을 하려 한다. 과연 외계인은 모두 몇 명일까?

 미션 3

불라리오는 모두 몇 개일까?

썰렁홈즈는 외계인들에게 이끌려 행성 PT-28을 모두 구경했다. 이제는 돌아갈 시간이 되었다. 하지만 한 가지 문제가 생겼다. 우주선의 연료가 모두 바닥난 것이었다. 그래서 행성 PT-28에서만 자라는 '불라리오'라는 나무 열매를 가지고 우주선의 액체 연료를 만들기로 했다.

1kg의 액체 연료 한 개를 만드는 데 열 개의 불라리오가 필요하다. 불라리오 다섯 개의 무게가 1kg이라고 했을 때 액체 연료 400kg을 만들려면 몇 kg의 불라리오가 있어야 할까?

 미션 4
지구에 도착하는 날은 무슨 요일?

우주선에 액체 연료를 모두 실은 썰렁홈즈는 외계인들에게 아쉬운 작별 인사를 했다. 이제 썰렁홈즈는 무사히 지구로 돌아가기만 하면 된다. 엇! 그런데 이게 웬일인가. 순간 이동 장치가 고장 난 것이 아닌가. 난감해하는 썰렁홈즈를 본 외계인들이 수면 캡슐 이동 장치를 만들어 주었다. 썰렁홈즈는 지구까지 걸리는 시간을 입력하고 수면 캡슐에 들어가 잠을 청했다.

하지만 꿈같은 우주여행의 기억으로 잠이 오지 않았다.

"지구에 가면 가족들이 반갑게 맞아 주겠지? 어? 혹시 일요일이라고 모두 놀러 간 것 아냐?"

썰렁홈즈가 우주여행을 하고 돌아가는 때는 출발 후 정확히 315일이 지난 후이다. 썰렁홈즈가 2019년 11월 30일 토요일에 출발했다면 도착하는 때는 무슨 요일일까?

썰렁홈즈에게는 조카가 한 명 있다. 조카의 이름은 부모님의 말을 안 듣기로 유명한 '지지리 마란드러'다. 찬 바람이 옷깃을 스치는 어느 초겨울에 썰렁홈즈와 지지리 마란드러는 로보랜드로 놀러가기로 했다.

썰렁홈즈는 그동안 잘해 주지 못한 삼촌의 역할을 이번만큼은 톡톡히 해내겠다고 다짐했다. 하지만 이름에서도 풍기듯 지지리 마란드러는 지독한 말썽꾸러기로 로보랜드에서도 사고를 치기 시작했다.

구제불능인 지지리 마란드러.
썰렁홈즈는 과연 삼촌 역할을 잘 해낼 수 있을까?

첫 번째 담호 도대체 어떤 입장권이지?

썰렁홈즈와 지지리 마란드러는 로보랜드로 갔지만, 말썽꾸러기 조카는 들어가는 입구에서부터 문제였다. 썰렁홈즈가 음료수를 사기 위해 잠깐 자리를 비운 사이 지지리 마란드러는 로보랜드를 찾아온 다른 친구들과 함께 입장권을 가지고 딱지 놀이를 한 것이었다.

딱지 놀이를 하느라 입장권이 모두 다 섞여 버렸다. 다행히 입장권에는 사진이 들어 있어서 누구의 것인지 찾아낼 수 있었다. 섞여 있는 여러 장의 입장권 중에서 지지리 마란드러의 입장권은 어떤 것일까? 빨리 찾아내지 못하면 아이들의 부모님에게 꾸중을 듣게 된다.

으이그~, 말썽꾸러기~!

도대체 어디에 탄 거야?

로보랜드로 들어간 지지리 마란드러는 본격적으로 사고를 치기 시작했다.

쓰레기통을 뒤엎고 매달아 놓은 풍선을 날려 보내는 등 말썽이란 말썽을 모두 부렸다. 썰렁홈즈는 뒷수습을 하느라 정신이 없었다. 그러던 중 지지리 마란드러는 큰 사고를 치고야 말았다.

자이언트 휠이라는 놀이 기구에 탔다가 장난을 쳐서 놀이 기구가 멈춰 버린 것이다. 지지리 마란드러가 탄 것은 15분 전이었고, 놀이 기구는 8분 전에 멈췄다. 놀이 기구는 시계 방향으로 돌아가고 한 바퀴를 돌아오는 시간은 21분이다. 지지리 마란드러는 지금 몇 번 통에 타고 있을까?

세 번째 다만 요  도대체 어디 숨은 거니?

썰렁홈즈에게 크게 혼난 지지리 마란드러는 화가 나서 어디론가 사라져 버렸다. 그런데 이번에는 동물원 쪽이 시끌벅적해졌다. 아무래도 동물원에 무슨 일이 벌어진 것임에 틀림없었다. 범인은 아마도 지지리 마란드러!

썰렁홈즈가 동물원에 가 보니 동물들이 모두 우리 밖으로 나와 소동을 피우고 있었다. 난감해진 썰렁홈즈. 아~ 이를 어쩌나. 동물원에서 사고를 치고 숨어 있는 지지리 마란드러를 찾아내야 한다.

지지리 마란드러야~, 어디에 있니? 우리도 함께 찾아보도록 하자.

 도대체 얼마나 필요해?

말썽꾸러기 지지리 마란드러가 이번에는 정말 대형 사고를 치고 말았다. 서커스 특별 공연을 보고 있던 지지리 마란드러는 피에로가 들고 있는 불을 잘못 건드려 공연장에 불을 내고 만 것이다.

불이 옮겨 붙은 곳은 스무 군데였다. 한 개의 소화기로 세 군데의 불을 끌 수 있지만 세 군데 중 한 곳의 불이 다시 붙는다고 한다.

스무 군데의 불을 모두 끄려면 과연 몇 개의 소화기가 필요할까? 빨리 소화기를 가져다가 불을 끄지 않으면 대형 화재로 이어질 상황이다.

당황한 썰렁홈즈. 도대체 소화기는 몇 개나 필요한 걸까?

사건 12

산타다굴러스의 허무한 추락사건

올해도 어김없이 즐거운 크리스마스가 다가온다. 하지만 썰렁홈즈는 매우 우울했다. 왜냐하면 세계적인 도둑 산타다굴러스가 매년 크리스마스만 되면 썰렁홈즈의 집을 털어 가기 때문이다.

그런데 이게 웬일인가? 크리스마스 이브에 산타다굴러스가 썰렁홈즈의 집 굴뚝을 타다가 떨어져서 사고를 당한 것이다. 목에 밧줄이 묶여 있고 엉덩이에 화살이 꽂혀 쓰러져 있었다. 어떻게 된 것일까? 뭔가 이유가 있을 것 같았다.

유일한 목격자는 산타다굴러스가 데리고 다니는 네 마리의 사슴이다. 산타다굴러스 추락 사건의 진실을 파헤쳐 보자.

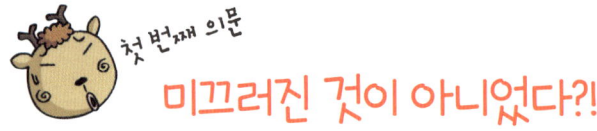

미끄러진 것이 아니었다?!

　썰렁홈즈는 산타다굴러스가 떨어진 지붕으로 올라가 보았다. 하얀 눈이 소복이 쌓여 있는 지붕에는 산타다굴러스가 걸어간 발자국과 넘어졌을 때 생긴 여러 가지 증거가 남아 있었다.
　썰렁홈즈는 그 자국들 속에서 뭔가 의심스러운 것을 발견했다. 확인해 본 결과 산타다굴러스는 실수로 미끄러진 것이 아니라 누군가가 밀어서 떨어졌다는 것을 알아냈다.

　범인은 네 마리의 사슴 중 하나이다.
　그렇다면 산타다굴러스를 굴뚝 앞에서 밀어 떨어뜨린 사슴은 과연 몇 번일까?

두 번째 의문
엇갈린 증언, 거짓은 누구?

　네 마리의 사슴 중에서 드디어 범인을 찾아냈다. 하지만 왜 산타다굴러스를 밀었는지는 알아낼 수 없었다. 범인으로 지목된 사슴이 입을 열지 않고 그냥 한 마디만 계속 반복하고 있기 때문.
　"놀래 주려고 했어……. 놀래 주려고 했어……."

　그러면 또 다른 범인이 있다는 말인가? 나머지 세 마리의 사슴을 의심하지 않을 수 없었다.
　증언을 듣고 거짓말을 하는 사슴을 찾아보자.

골목으로 도망친 두 사슴

결국 두 마리의 사슴을 범인으로 추측했다. 하지만 이들 둘이 범인이라면 다른 두 마리의 사슴이 모를 수 있을까? 더욱 의심이 가는 산타다굴러스 추락 사건이다. 그런데 갑자기 이 두 마리의 사슴이 도망치기 시작했다. 썰렁홈즈는 두 마리의 사슴과 추격전을 벌이게 되었다.

결국 두 마리 사슴은 골목으로 몸을 피해 달아났다. 썰렁홈즈는 곤경에 빠졌다.

미로처럼 놓인 길을 찾아 두 마리의 사슴을 찾아내도록 하자.

네 번째 의문
도대체 얼마나 필요해?

결국 네 마리의 사슴이 모두 범인이었다. 각자 진실을 털어놓기 시작했다. 모두 다 산타다굴러스를 살리려 했다고 하는데…….

각자의 말을 들어 보고 사건이 어떻게 된 것인지 추측해 보자.

퀴즈 1 여섯 장의 카드 중 거짓은?

다무러에 대해 더 알고 싶었던 썰렁홈즈는 개에 대해 열심히 공부하기 시작했다. 일주일 후, 다무러는 썰렁홈즈에게 카드로 문제를 냈다. 개의 특성을 적은 여섯 장의 카드 중에서 잘못된 내용의 카드 두 장을 골라내는 것이다. 일주일이나 공부했는데, 알아맞히지 못한다면 다무러에게 창피할 것이다. 썰렁홈즈는 잘못된 두 장의 카드를 찾아낼 수 있을까?

  ## 다무러와 사랑의 줄다리기

썰렁홈즈는 카드 고르기를 무사히 통과하였고, 이제는 다무러의 차례였다. 다무러가 해결해야 할 문제는 일명 '사랑의 줄다리기'로, 방법은 아주 간단하다. 여러 가닥의 줄을 늘어놓고 썰렁홈즈가 먼저 한 가닥의 줄을 잡는다. 다무러는 엉켜 있는 줄을 잘 관찰하고 썰렁홈즈가 잡은 줄의 다른 한쪽 끝을 찾아내야 한다. 썰렁홈즈의 단짝이 되려면 이 정도의 관찰력쯤은 있어야겠지?

❶ 더블 업 찬스! 50kg짜리 개 사료를 사시면 한 봉지(50kg) 더 드리고 가격은 단돈 82000원!
❷ 싸다 싸 이벤트! 50kg짜리 사료를 37000원에 드립니다.(부가세 10% 별도)
❸ 막 퍼 주 행사! 1kg에 단돈 900원. 80kg 이상 구입 시 10kg을 더 드립니다.

퀴즈 3 가장 싼 개 사료는?

　사랑의 줄다리기로 다무러의 관찰력을 확인한 썰렁홈즈는 문제를 잘 해결한 기특한 다무러에게 최고급 개 사료를 선물로 사 주었다. 그런데 이게 웬일인가! 다무러가 10kg에 10000원인 사료를 눈 깜짝할 사이에 모두 먹어 치운 게 아닌가?

　썰렁홈즈는 또 개 사료를 사야만 했다. 마침 마트에서는 다양한 개 사료 특별 할인 행사를 하고 있었다. 100kg의 사료를 구입한다면 어떤 행사의 사료가 가장 저렴할까? 단 각각의 개 사료는 품질이 같다.

❶ 멍멍 동물병원: 시속 60km 안전 운행! 썰렁홈즈의 집과 20km 거리
❷ 왈왈 동물병원: 신속 정확! 시속 100km, 썰렁홈즈의 집과 60km 거리
❸ 킹킹 동물병원: 시속 70km 경제 속도! 썰렁홈즈의 집과 50km 거리

퀴즈 4 가장 빨리 도착하는 구급차는?

개 사료를 무리하게 먹고 난 다무러는 그만 배탈이 나고 말았다. 개 사료에 사용하는 동물성 단백질의 원료는 대장균과 같은 세균에 감염되기 쉽다. 또 세균을 제거했어도 세균이 만들어 낸 독소가 남아 있을 수 있다.

썰렁홈즈는 가장 빨리 동물병원에 도착하는 구급차를 부르기로 했다.

어떤 동물 병원의 구급차가 가장 빨리 도착할까?

단 출발할 때의 처음 속도와 도로의 상황은 따지지 않기로 하자.

새해가 돌아왔다. 썰렁홈즈는 또 어떤 사건을 해결할까?

지난해 썰렁홈즈는 정말 다양한 사건을 해결했다. 그래서 그동안 도움을 받았던 많은 사람들이 썰렁홈즈에게 새해 선물을 보내왔다. 그중에서 가장 특이한 것은 세계적인 발명가 '마이 맹그러'가 보낸 '떡국 만드는 로봇, 떡보트'였다.

마음 착한 썰렁홈즈는 이 로봇을 좋은 일에 쓰고 싶었다.

그래서 어린이집 아이들에게 떡국을 만들어 주기로 했다. 하지만 로봇에는 뭔가 문제가…….

 **톱니바퀴는 어느 방향으로 돌아갈까?**

썰렁홈즈가 찾아간 강원도의 한적한 시골 마을에는 서른 명 정도의 아이들이 살고 있는 어린이집이 있었다. 썰렁홈즈는 떡국 만드는 로봇 '떡보트'로 맛있는 떡국을 만들기로 했다. 그런데 한 가지 문제가 생겼다. 덜컹거리는 시골길을 달리다 보니 심한 진동으로 로봇이 고장 난 것이다.

로봇을 고치기 위해 로봇의 배를 열었더니 여러 개의 톱니바퀴가 나왔다. 설명서에는 '심한 충격으로 고장이 나면 노란색 톱니바퀴를 시계 방향으로 돌려야 합니다.'라고 써 있었다. 노란색 톱니바퀴를 돌리려면 화살표가 붙어 있는 맨 앞의 톱니바퀴를 움직여야 했다. 노란색 톱니바퀴가 시계 방향으로 돌아가게 하려면 맨앞의 톱니바퀴를 어느 방향으로 돌려야 할까?

 ## 떡을 만들 쌀은 몇 부대가 필요할까?

로봇을 다 고친 썰렁홈즈는 주변의 웅성거림을 느꼈다. 헉! 이게 웬일? 떡국 만드는 로봇이 왔다는 소문을 듣고 동네 사람들이 구름처럼 모여든 것이었다. 동네 사람들은 200명 정도였다. 모두들 떡국 로봇이 만들어 줄 맛있는 떡국을 기대하며 군침을 흘리고 있었다.

문제는 지금부터였다. 떡국을 만들기 위해서는 먼저 떡을 만들 쌀이 필요하다. 그것도 200명에게 나눠 줄 떡국 200그릇에 해당하는 쌀이다.

1인분의 떡국에 250g의 쌀이 필요하다면, 200그릇의 떡국을 만들려면 쌀은 얼마나 필요할까? 동네 사람들의 도움을 받아 쌀의 양을 구하도록 하자. 쌀 한 부대에 20kg씩 담겨져 있다고 하면, 쌀은 몇 부대나 필요할까?

 가장 긴 젓가락은 어떤 것일까?

드디어 썰렁홈즈의 떡국 로봇인 '떡보트'가 떡국을 만들어 내기 시작했다. 떡보트는 눈 깜짝할 사이에 200그릇의 떡국을 만들었고 맛 또한 일품이었다. 떡국을 맛있게 먹고 있던 멍구, 땡구, 칠구, 팔구는 재미있는 내기를 하기로 했다. 네 개의 젓가락 중에서 가장 긴 젓가락을 뽑는 친구가 썰렁홈즈를 도와 설거지를 해 주기로 한 것이다.

과연 어떤 젓가락이 가장 긴 젓가락일까? 젓가락의 굵기나 색깔은 생각하지 말고 서로의 길이를 재 보았을 때 가장 긴 쪽의 젓가락을 선택한 사람으로 결정했다.

젓가락의 번호 순서대로 멍구, 땡구, 칠구, 팔구가 젓가락을 선택했다면 가장 긴 젓가락을 가지고 있는 친구는 누구일까?

 그릇 속의 진품을 찾아라!

모두 배불리 먹고 설거지를 하고 있을 때 사건이 벌어졌다. 설거지통 속에 조상 대대로 내려오는 진품 사기그릇이 섞여 들어갔다는 것이다. 아주 오래된 그릇이기 때문에 함부로 다루면 깨져 버릴 수도 있다.

진품 그릇이 네모 안의 그림과 같다면 설거지통 속에 담긴 그릇 중에서 진품 그릇은 과연 어떤 것일까?

그릇에 새겨진 무늬와 색깔, 그리고 모양을 잘 살펴보면 알아낼 수 있는 문제이다. 우리 친구들도 잘 관찰해서 마을 사람들에게 진품 사기그릇을 찾아 주도록 하자.

'지지리 마란드려'의
밀린 숙제 프로젝트

　말썽꾸러기 조카 '지지리 마란드려'가 급히 썰렁홈즈를 찾아왔다. 개학이 이제 일주일밖에 남지 않았는데 방학 숙제를 하나도 못 했다는 것이다.
　썰렁홈즈는 숙제를 도와주는 것이 나쁜 일인 줄 알고 있었지만 조카의 간곡한 부탁을 거절할 수 없었다.
　겨울 방학 숙제는 자기 주변의 생태 환경 조사하기, 박물관이나 전시관을 견학하고 느낀 점 쓰기, 수학 문제 풀기, 일기 쓰기였다. 남은 기간은 딱 일주일이다. 썰렁홈즈와 지지리 마란드려는 과연 겨울 방학 숙제를 다 할 수 있을까?
　여러분이 도와주는 것은 어떨까? 뭐라고? 여러분도 밀린 숙제 때문에 바쁘다고?!

방 안의 파리는 모두 몇 마리?

첫 번째 숙제는 자기 주변의 생태 환경 조사하기였다. 썰렁홈즈와 지지리 마란드러는 가장 쉬운 주제를 선택했다.

방 안에 있는 파리의 수를 세어 추운 겨울에도 파리가 살 수 있다는 것을 조사하기로 했다. 하지만 파리가 이곳 저곳에 숨어 있어서 쉽게 찾아 내지 못했다. 우리 친구들의 세심한 관찰력이 필요하다.

지지리 마란드러의 방 안을 잘 살펴 보고 파리가 모두 몇 마리 숨어 있는지 알아맞혀 보자.

두 번째 숙제
희한한 박물관의 희한한 출구?

 썰렁홈즈와 지지리 마란드러는 박물관 견학 숙제를 하기 위해 박물관을 찾아갔다. 찾아간 박물관은 '희한한 박물관'. 정말 희한한 물건들이 전시되어 있는 작은 박물관이었다. 가장 특이한 것은 박물관을 나가려면 출구에 어떤 그림을 그려야 한다는 것이다.
 "박물관을 나가려면 출구에 그림을 그려야 합니다. 지금부터 설명을 잘 듣고 문에 그림을 그려 보세요. 먼저, 문에 원을 하나 그리고, 그 안에 다시 사각형을 그리세요. 원보다는 조금 큰 삼각형을 그리고 삼각형의 한쪽 모서리에 자신의 이름을 써 보세요. 다 되었나요? 그럼 그림을 다른 사람들과 비교해 볼까요? 사람의 생각은 정말 다양하다는 것을 알겠지요? 그럼 안녕히 가시기 바랍니다."
 여러분도 설명에 따라 그림을 그려 보세요.

세 번째 숙제
작은 사각형의 넓이는?

다음은 수학 문제였다. 문제는 단 한 가지였다. 커다란 사각형이 그려져 있고 그 안에 꽉 차는 원이 하나 들어 있다. 마찬가지로 그 원 안에는 사각형이 들어 있었다. 문제는 아주 간단했다. 원 안에 갇혀 있는 사각형은 원 밖에 있는 사각형보다 얼마나 작을까?

복잡한 계산식으로 풀기보다는 아주 간단한 방법으로 문제를 해결할 수 있다는 것이 힌트!

원을 둘러싸고 있는 사각형의 넓이가 50cm²라고 할 때 원 안의 작은 사각형의 넓이는 얼마나 될까?

네 번째 숙제
도대체 며칠을 밀린 거야?

말썽꾸러기 조카 지지리 마란드러의 마지막 숙제는 일기 쓰기였다.

썰렁홈즈가 지지리 마란드러의 일기장을 열어 보니 새하얀 빈 종이만 방긋 웃고 있었다. 겨울 방학 동안 단 하루도 일기를 쓰지 않은 것이었다. 겨울 방학 일기는 월요일, 수요일, 금요일 이렇게 세 번을 쓰도록 되어 있었다.

지지리 마란드러가 2019년 12월 30일에 방학을 하고 그 다음 주부터 일기를 쓴다고 하면 개학인 2020년 2월 6일까지 며칠 동안의 일기를 써야 할까?

혹시 우리 친구들도 말썽꾸러기 지지리 마란드러처럼 겨울 방학 일기가 밀려 있는 것은 아니겠지?!

사건 16

세계적인 게임의 왕 '누그라도 다이겨'

햇살이 따스하게 비치는 어느 날, 세계적인 게임 왕인 '누그라도 다이겨'가 썰렁홈즈에게 이메일을 보냈다.

"당신이 어떤 문제든지 모두 해결한다고? 그럼 내가 내는 문제도 알아맞힐 수 있겠지? 내가 내는 문제를 모두 알아맞히면 실력을 인정해 주지. 만약 문제를 하나라도 풀지 못하면 인터넷에 썰렁홈즈 신체의 비밀을 폭로하겠다. 음하하하!"

누그라도 다이겨는 세계적으로 악명 높은 게임 왕으로 모든 퍼즐탐정들이 두려워하는 악당이기도 하다. 과연 퍼즐탐정 썰렁홈즈는 누그라도 다이겨를 이길 수 있을까?

그런데 썰렁홈즈가 가진 신체의 비밀은 도대체 뭐지?

 ## 썩은 다리를 건너라!

드디어 누그라도 다이겨의 문제가 시작되었다. 문제의 주인공은 늑대와 토끼였다.

"음하하하! 그럼 문제를 시작해 볼까? 여기 세 마리의 토끼와 세 마리의 늑대가 여행을 떠나기로 했다. 왜 떠나는지는 나도 모른다. 하여간 그냥 떠났다. 그런데 뜬금없이 다리를 건너게 되지. 물론 늑대는 다리 중간에 썩은 나무를 놓아서 토끼를 떨어뜨려 잡아먹으려 해. 왜냐고? 배가~ 고프니깨! 하지만 힌트를 주기로 했어. 그냥 잡아먹으면 치사해 보이잖아? 힌트는 다음과 같다."

'썩은 나무는 빨간색 나무 앞에 있다. 물론 바로 앞은 아니지. 그렇다고 맨 마지막 나무와 그 뒤의 나무는 아니야. 노란색 나무가 썩은 나무라고 생각할 수 있겠지만 그건 알 수가 없지. 밤색 다음다음의 나무는 썩지 않았고, 그 앞의 나무는 튼튼한 나무지.'

그런데 그때 속삭이는 늑대의 말이 들렸다.

"크크크, 힌트에서 말한 그 앞의 나무가 썩은 나무지……."

문제 2
강을 건너야 산다!

"으하하하! 토끼를 구해 냈군. 하지만 안심하기는 아직 이르지. 늑대들은 시간이 지날수록 점점 더 배가 고파지거든……. 이번에는 강을 만나게 되지. 그럼 강을 건너야겠지? 그런데 늘 배고픈 늑대들은 호시탐탐 토끼를 잡아먹으려고 하지. 그래서 토끼보다 늑대 수가 더 많으면 토끼를 잡아먹는단 말이지. 배는 한 척인데 배에는 늑대건 토끼건 두 마리까지밖에 못 타게 되어 있다. 왜 그러냐고? 그건 내 맘이지. 하여간 토끼가 무사히 다 살아서 강을 건너려면 어떻게 해야 할까?"

문제 3 목숨을 건 답변은?

문제를 해결한 썰렁홈즈는 토끼들을 모두 구할 수 있었다. 하지만……

"역시 썰렁홈즈답구나! 하지만 이제 절반밖에 해결하지 못했다는 것 알지? 하여간 강을 건넌 배고픈 늑대들은 마음이 달라졌어. 그래서 토끼를 잡아먹기로 했지. 원래 늑대들은 비열하거든. 하지만 그냥 잡아먹기는 좀 그렇고 해서 조금 놀려 주기로 했어. 늑대는 자기가 질문을 하나 내서 참인 답을 말하면 그냥 잡아먹고, 거짓인 답을 하면 잡아서 구워 먹는다고 했다지. 결국 뭐 다 먹겠다는 얘기야. 늑대가 보기보다 영리하지? 그런데 더 웃긴 건 말이야. 늑대는 '우리가 너희를 어떻게 잡아먹을까?'라고 질문했는데, 토끼가 답을 기가 막히게 해서 잡아먹히지 않았다는 거야. 토끼의 답은 과연 무엇이었을까?"

107

위치를 바꿔야 산다!

퍼즐탐정 썰렁홈즈의 명석한(?) 머리로 토끼는 무사할 수 있었다. 그런데…….
"으~아! 도저히 못 참겠다. 썰렁홈즈는 역시 명성대로 문제를 잘 푸는구나. 그래, 이제 마지막 문제다. 늑대들의 등쌀에 못 이긴 토끼들은 친구들을 불러 모았어. 뭉치면 산다잖아? 그래서 마치 피라미드처럼 모인 거야. 그런데 바보 같은 토끼들이 방향을 잘못 잡았어. 위치를 바꾸지

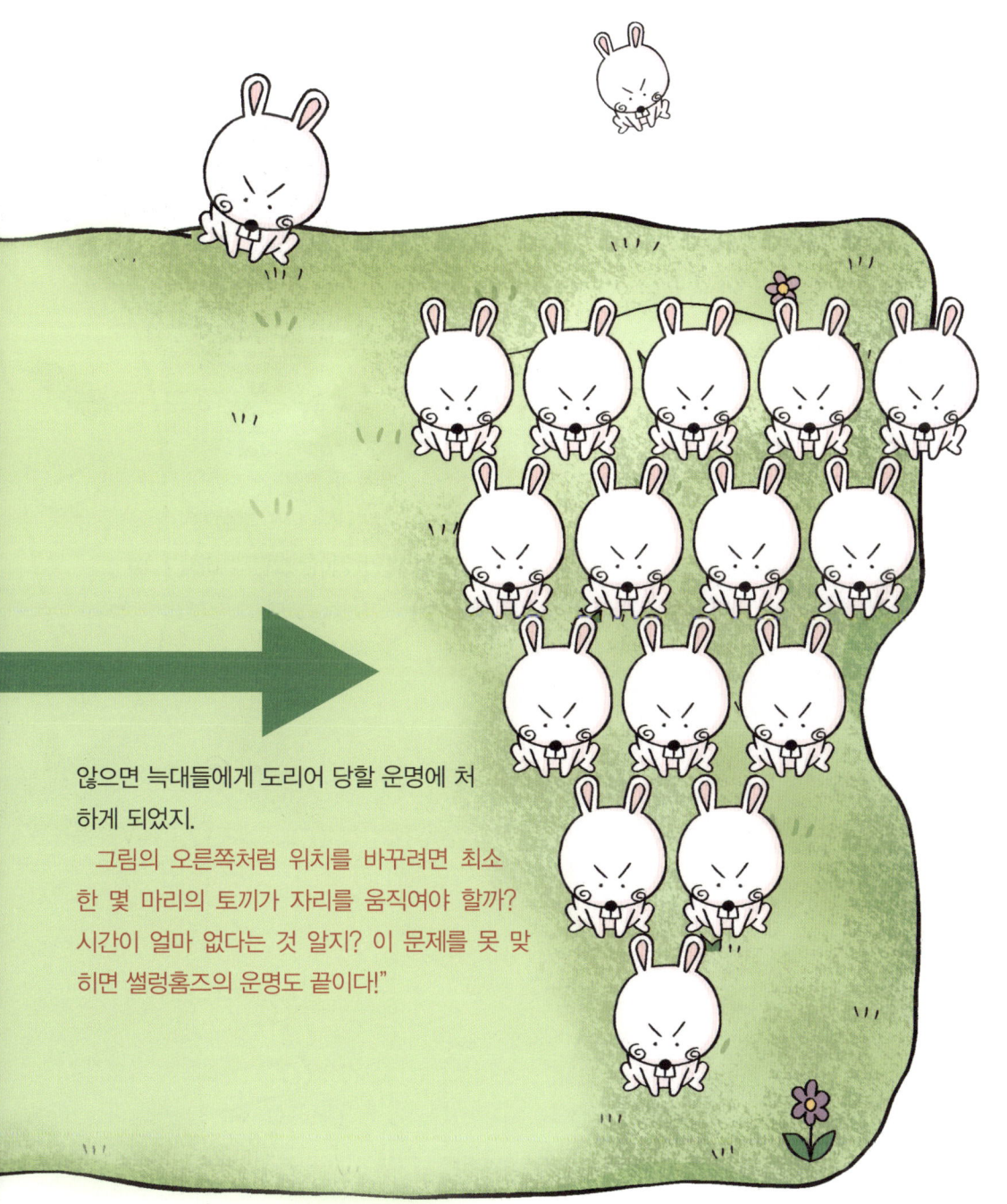

않으면 늑대들에게 도리어 당할 운명에 처하게 되었지.

 그림의 오른쪽처럼 위치를 바꾸려면 최소한 몇 마리의 토끼가 자리를 움직여야 할까? 시간이 얼마 없다는 것 알지? 이 문제를 못 맞히면 썰렁홈즈의 운명도 끝이다!"

유관순 열사의 마지막 편지

　1919년 3월 1일은 일제 강점기에 우리나라에서 독립을 선언한 날이다.

　그로부터 100년이 지난 2019년 3월, 썰렁홈즈에게 이상한 편지가 도착했다. 편지의 내용은 일제 강점기에 독립운동을 하다가 억울하게 숨을 거둔 유관순 열사의 마지막 편지가 발견되었다는 것이다. 하지만 그 편지는 뭐든지 꼭꼭 숨기는 고약한 일본의 수집가 '도니데니 숨겨요시'가 자신의 집 비밀 창고에 보관하고 있다고 한다.

　썰렁홈즈는 유관순 열사가 남긴 마지막 편지를 찾기 위해 일본으로 떠났다.

　도니데니 숨겨요시의 비밀 창고는 어떻게 생겼을까? 또 유관순 열사의 마지막 편지에는 어떤 내용이 써 있을까?

　우리도 썰렁홈즈와 함께 찾아보기로 하자.

첫 번째 함정
도장을 찍어 성문을 열어라!

썰렁홈즈가 찾아간 도니데니 숨겨요시의 집은 일본의 전통 가옥과는 달리 마치 성처럼 보이는 구조였다.

첫 번째 관문은 성문을 여는 것이었다. 성문에는 여섯 개의 도장이 매달려 있었고, 그 도장은 성문을 여는 열쇠였다.

여섯 개의 도장 중에서 문에 나와 있는 모양과 똑같은 도장을 하나 골라서 문에 찍으면 성문이 열리게 되어 있었다.

하지만 기회는 단 한 번! 문에 있는 도장의 무늬와 정확하게 일치하는 도장을 찾아서 찍어야 한다. 여러 가지 모양이 나와 있는 도장 중에서 성문을 열어 줄 열쇠는 과연 어떤 것일까?

두 번째 함정
거울 문을 열어라!

성문을 열고 들어가니 긴 통로가 나왔다. 썰렁홈즈는 어둡고 긴 통로를 따라 들어갔다. 얼마나 갔을까? 갑자기 썰렁홈즈의 앞에 누군가 막아선 느낌이 들었다.

가만히 살펴보니 그것은 두껍고 커다란 거울로 만든 문이었다. 특이한 것은 손잡이가 거울의 문 가운데에 달려 있다는 것이었다. 거울의 문에는 다음과 같이 적혀 있었다.

'거울은 사물 앞뒤의 모습을 뒤바꾼다. 문은 오른손으로 바로 열어야 한다! 기회는 단 한 번뿐!'

거울의 문에 쓰인 글은 무슨 의미일까? 문을 어떻게 열어야 할까?

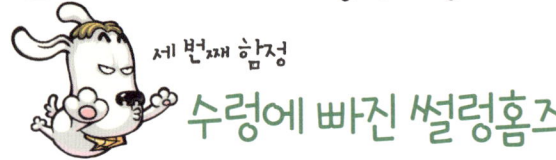

수렁에 빠진 썰렁홈즈

썰렁홈즈는 거울에 비친 자신의 모습을 보고 왼손을 뻗어 문을 열었다.
"거울에 비친 나는 오른손으로 열고 있잖아? 하하하!"
순간 썰렁홈즈가 서 있는 바닥이 꺼지면서 아래로 뚝 떨어졌다. 사실 거울의 문이 말한 것은 함정이었다.
오른손으로 바로 열라고 했으니 그냥 오른손으로 열면 되는 것이었다. 썰렁홈즈는 깊은 수렁에 빠져 버렸지만 다행히 같이 간 썰렁홈즈의 단짝 '다무러'는 떨어지지 않았다. 앞에 놓인 줄을 이용해서 썰렁홈즈를 구해 내자.

썩지 않고 튼튼한 줄을 사용하려면 썰렁홈즈는 어떤 줄을 선택해야 할까?

네 번째 함정
금고를 여는 숫자는?

 썰렁홈즈의 단짝인 다무러의 도움으로 썰렁홈즈는 수렁을 무사히 빠져 나올 수 있었다. 수렁에서 올라온 썰렁홈즈는 다시 거울의 문을 열고 들어갔다. 썰렁홈즈와 다무러는 무시무시한 악어의 숲을 지나 날카로운 가시 덩굴을 통과하고 식인 물고기 피라냐의 강을 건너 결국 유관순 열사의 마지막 편지가 들어 있는 금고까지 찾아왔다. 이제 마지막 관문만이 남았다. 금고는 번호를 맞추어야만 열 수 있게 되어 있었다.

 금고에는 숫자들이 적혀 있었고 그 숫자 마지막의 빈칸에 들어갈 숫자가 금고의 비밀 번호였다. 비밀 번호는 과연 무엇일까?

사건 18

종이 나라의 '오려라 공주'

　모든 것이 종이로 만들어진 종이 나라에서 큰 사건이 일어났다. 종이 나라의 '오려라' 공주가 물 나라의 '다저저' 왕자와 사랑에 빠진 것. 문제는 두 나라가 서로 앙숙 관계라는 것이다. 두 나라의 부모님이 결혼을 허락할 리 없었다. 허락을 못 받은 공주와 왕자는 밥을 평소보다 열 배로 먹고, 씻지도 않고 옷도 안 갈아입으며 떼를 쓰기 시작했다. 자식 이기는 부모가 없듯이 두 나라의 부모님은 결국 결혼을 허락하기로 했다. 단 조건이 있었다. 부모님이 내는 문제를 모두 맞혀야 한다는 것이었다.
　고민에 빠진 오려라 공주와 다저저 왕자는 썰렁홈즈에게 도움을 청했다. 과연 두 사람은 문제를 풀어서 결혼에 성공할 수 있을까?

첫 번째 문제
손을 대지 말고 옮겨라!

첫 번째 문제부터가 정말 큰 문제였다. 물 나라 왕자의 부모님은 커다란 항아리 두 개를 준비하고 한쪽 항아리에 물을 가득 채웠다. 다른 한쪽은 빈 항아리였다.

"종이 나라 공주가 물 나라 왕자와 결혼하려면 이 정도쯤은 할 수 있어야겠지? 여기 두 개의 항아리가 있다. 한 항아리에는 물이 가득 차 있지. 물이 가득 찬 항아리의 물을 비어 있는 다른 항아리로 옮겨서 서로 그 높이가 같도록 해라. 물론 손을 대어서는 안 된다!"

손을 사용하지 말라고?! 주어진 것은 종이 나라의 종이뿐······.

이것은 분명 결혼을 시키지 않으려는 부모님의 계획?! 어떻게 하면 손을 대지 않고 물을 옮길 수 있을까?

두 번째 문제
운명의 크로마토그래피!

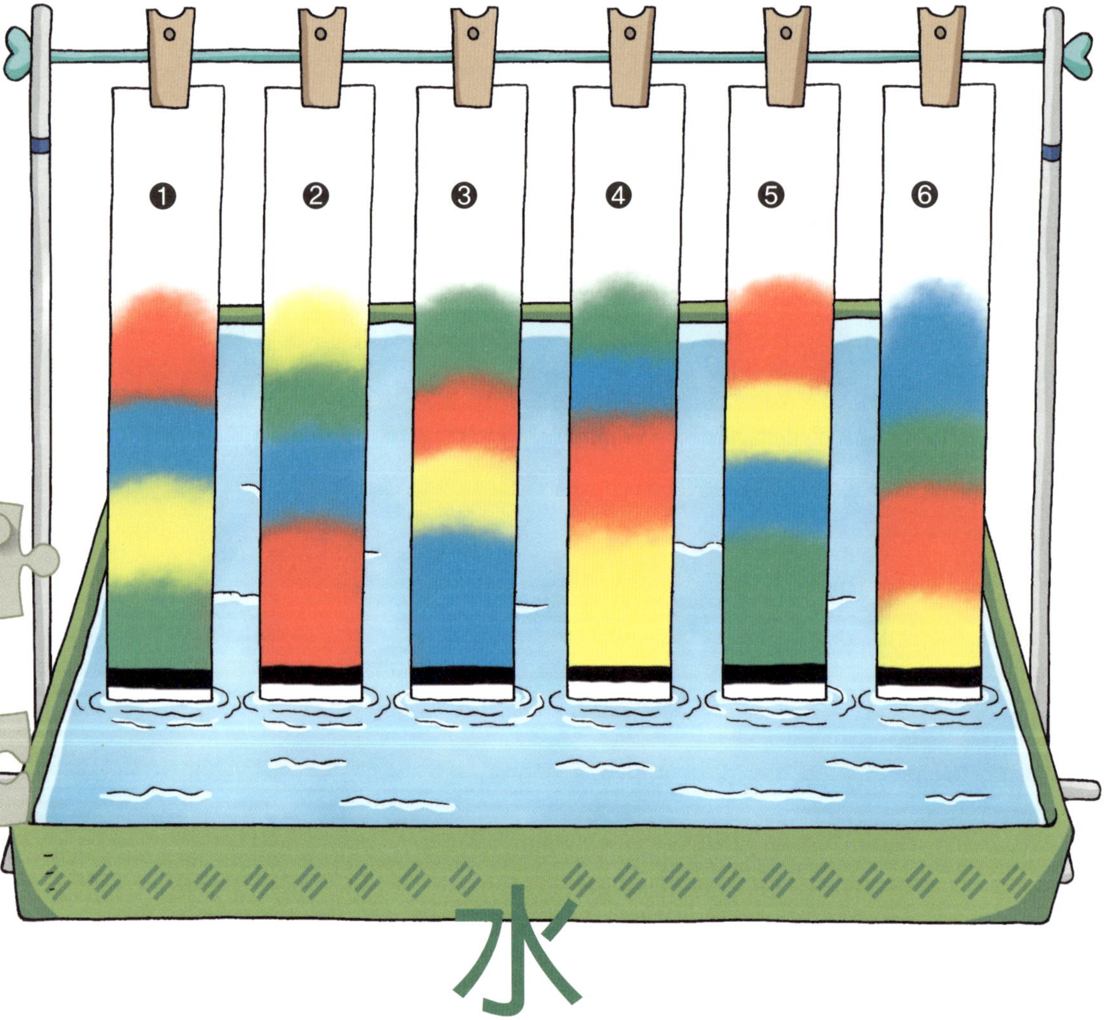

　생각보다 문제를 쉽게 푼 오려라 공주와 다저저 왕자는 자신감이 생겼다. 하지만 두 번째 문제는 더욱 어려운데…….

"그럼 다음 문제를 내지. 물에 종이를 담그면 물이 종이에 흡수되면서 퍼지게 된다. 여기에 검은색 사인펜으로 줄을 그어 놓으면 색깔이 분리되면서 여러 가지 색깔이 나타나게 되지. 그것은 검은색 속에 섞인 각각의 색깔에 따라 그 성분이 다르고 무게가 다르기 때문이다. 가벼운 성분의 색깔일수록 더 높이 올라가게 되지. 이렇게 분리하는 방법을 크로마토그래피라고 한다. 그럼 다음의 조건에서 색깔이 어떻게 퍼져 나올지 결과를 맞혀 보아라! 몇 번 종이가 맞는 결과일까?"

'여기 검은색으로 보이는 잉크 안에는 빨간색, 노란색, 파란색, 녹색이 섞여 있다. 노란색은 빨간색보다 무겁고 파란색은 녹색보다 무거우며 파란색은 빨간색보다 가볍다.'

세 번째 문제
물시계는 몇 분짜리?

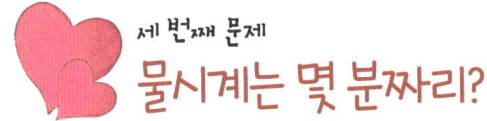

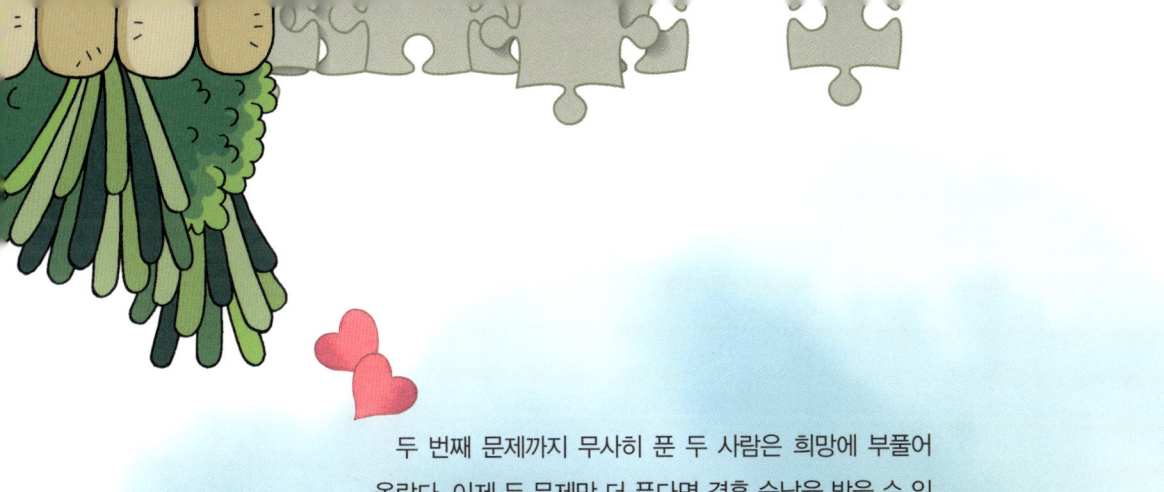

　두 번째 문제까지 무사히 푼 두 사람은 희망에 부풀어 올랐다. 이제 두 문제만 더 푼다면 결혼 승낙을 받을 수 있다.

　"다음 문제를 내지. 여기 두 개의 물시계가 있다. ❶번 물시계는 15분짜리 물시계로 물이 위에서 아래로 모두 떨어지는 시간이 15분이다. 물론 뒤집어 놓으면 다시 15분 동안 물이 떨어지지. 15분짜리 물시계의 물이 다 떨어지고 나서 한 번 뒤집을 때 ❷번 물시계도 작동하기 시작했다.

　1번 물시계의 물이 다 떨어지고 나서 ❷번 물시계의 물이 몇 분 뒤에 모두 떨어졌다. 두 물시계를 작동시키는 데 걸린 시간이 40분이었다면 ❷번 물시계는 몇 분짜리 물시계일까?"

네 번째 문제
사랑을 연결하는 하트

이번이 마지막 문제이다. 썰렁홈즈와 오려라 공주, 다저저 왕자는 마지막 문제를 푸는 데 온 힘을 기울였다. 과연 마지막 문제를 풀 수 있을까?

"여기 종이 띠를 연결하여 하트 모양을 만들었다. 가운데를 따라 자르면 두 개의 고리로 나눠지지. 그럼 한 번 꼬아 만든 고리의 가운데를 자르면 어떻게 될까? 물론 해 보면 알겠지만 커다란 하나의 고리가 만들어진다. 그럼 두 번 꼬아서 만든 고리의 가운데를 자르면 어떻게 될까? 실험해 보기 전에 미리 맞혀야 하는 것 알지?"

이것은 독일의 수학자 아우구스트 페르디난트 뫼비우스가 발견한 원리였다. 썰렁홈즈는 과연 이 문제를 풀 수 있을까?

미로 왕국의 공주 '이기리 저기리나'

첫 번째 여정의 정답

미로를 잘 찾아가 보자. 그림에 나온 것처럼 선을 따라가면 성을 찾아갈 수 있다.

두 번째 여정의 정답

그림을 잘 살펴보도록 하자. 각각의 그림 방에 있는 그림을 끝말잇기로 이어 나가면 출구를 찾을 수 있다. 우비→비행기→기러기→기차→차표→표주박→박수→수박→박쥐→쥐며느리→리본

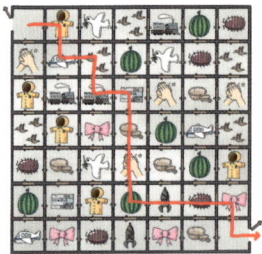

세 번째 여정의 정답

각각의 시계는 '두 시→한 시→열두 시→다섯 시→일곱 시'로 일정하게 나열되어 있는 것이다. 따라서 마지막 시계는 다섯 시를 가리켜야 한다. 저녁 식사 시간은 다섯 시인 것이다.

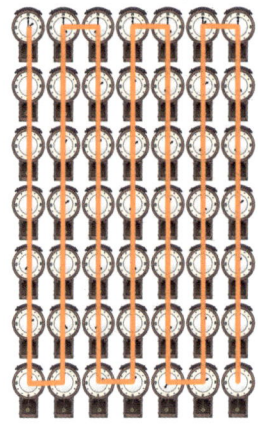

네 번째 여정의 정답

사다리형 퍼즐로 사실 특별한 정답은 없다. 젓가락으로 음식을 먹고 싶은 친구들은 ❹번을 선택하면 된다.

빗으로 먹는 즐거운 저녁 식사

아나콘다가 꿈틀대는 정글 미로를 넘어 구사일생으로 살아남은 썰렁홈즈는 그림의 방을 통과해야 했고, 49개의 시계가 있는 벽을 지나 저녁을 먹을 수 있게 되었다. 그런데 썰렁홈즈가 선택한 도구는 다름 아닌 머리빗! 하지만 초대를 해 준 미로 왕국의 공주 이기리 저기리나의 고마운 마음을 생각하며 맛있게 먹었다. 평생 기억에 남을 저녁 식사를 마음속에 간직하며……

땅만파야의 지구 속 대탐험

문제 1의 정답
1. 지각 2. 모호로비치치 불연속면
3. 맨틀 4. 맨틀과 외핵 5. 핵(내핵)

문제 2의 정답
❹번 중간의 층이 뒤바뀌어 있다.

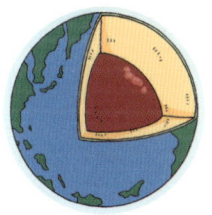

문제 3의 정답
❹번 S파는 액체로 되어 있는 외핵을 통과하지 못한다.

문제 4의 정답
두 번째 탐사선

편지의 주인공은 선생님?!

 간신히 화산을 통과해서 밖으로 나온 썰렁홈즈와 땅만파야. 사실 의문의 편지를 보낸 주인공은 땅만파야의 선생님인 '판땅또파야'였다. 땅을 잘 파기는 하지만 지구의 내부 구조에 대한 지식이 부족한 땅만파야를 공부시키기 위한 연극을 꾸민 것이었다.
 눈물겨운 선생님의 사랑을 본 썰렁홈즈는 오늘도 감동의 눈물을 흘리며 집으로 향했다.

사건 3. 문자를 없애는 악당 쓰지마라 말로하이

문제 1의 정답
토마토 ⋯ 토요일 ⋯ 일본어 ⋯ 어린이 ⋯ 이모 ⋯ 모자 ⋯ 자라 ⋯ 라면 ⋯ 면사포 ⋯ 포수 ⋯ 수족관 ⋯ 관광 ⋯ 광복절 ⋯ 절구 ⋯ 구절판 ⋯ 판다 ⋯ 다슬기 ⋯ 기억상실증 ⋯ 증기기관차 ⋯ 차장

문제 2의 정답
글자들의 간격을 넓혀 보면 답을 찾아낼 수 있다. 정답은 '오른쪽 문으로 들어가면 안 된다'.

문제 3의 정답
원 둘레의 길이와 지름은 비례한다. 따라서 지름이 6m인 첫 번째 톱니바퀴가 여섯 바퀴를 돌면 지름이 6m인 'ㅅ' 톱니바퀴 역시 여섯 바퀴를 돈다.

문제 4의 정답
레이저 총의 레이저를 길게 연장시켜 보자. 안테나를 맞히는 것은 ❸번 레이저 총이다.

'오른쪽 문으로 들어가면 안 된다'

다시 찾은 문자의 세상

결국 썰렁홈즈의 맹활약으로 악당 '쓰지마라 말로하이'는 잡혔고, 사라졌던 문자들이 다시 돌아왔다. 이제 신문도 책도 볼 수 있고, 인터넷도 할 수 있게 되었다. 이번 사건으로 문자들의 고마움을 새삼 느낄 수 있었다. 마치 우리 주변에 항상 있는 공기의 고마움을 몰랐던 것처럼 새삼스레 문자의 고마움을 느꼈다. 퍼즐탐정 썰렁홈즈, 미션 완료~!

사건 4 테러범 '아흐 불살라'를 잡아라

행동 1의 결과
무기를 가지고 있는 사람은 ❷번, ❹번, ❺번이다. 따라서 무기를 가지고 있는 사람을 정확하게 찾아 낸 것은 ❸번 수색견이다.

행동 2의 결과
원본 복사 여권과 가짜 여권들을 자세히 살펴보자. ❹번 여권이 원본 여권과 똑같고 나머지 여권은 조금씩 다르다.

행동 3의 결과
엑스레이 투시장치에 비춰진 가방을 잘 살펴보자. 여러 개의 가방 중에서 ❶번, ❻번, ❼번, ⓬번 가방에 무기가 들어 있다.

행동 4의 결과
1번 전선은 빨간색, ❷번 전선은 24의 약수, ❸번 전선은 빨간색, ❹번 전선은 24의 약수, ❺번 전선은 5의 배수, ❻번 전선은 24의 약수, ❽번 전선은 24의 약수, ❿번 전선은 5의 배수다. 따라서 조건에 해당하지 않은 ❼번과 ❾번 전선만 잘라 내면 된다.

테러범이 설치한 폭탄을 무사히 제거해서 인정을 받은 썰렁홈즈는 공항의 특별한 배려로 모든 시설을 공짜로 이용할 수 있게 되었다. 그래서 썰렁홈즈는 자신만의 독특한 피서를 공항에서 보내기로 했다. 그런데……. 썰렁홈즈, 좀 심한 것 아냐?

정답 및 해설 **129**

공포 영화 대가 '아무셔' 감독의 귀신 체험

비밀 1의 정답

사진을 잘 살펴보자. 열 명의 사람들 중에서 다리가 안 보이는 사람이 한 사람 있다.

비밀 2의 정답

비록 뒤집혀 있어도 잘 관찰하면 찾아낼 수 있다. 거울은 빛이 반사하는 원리를 이용한 것으로 사물의 앞뒤가 바뀌어 보인다.

비밀 3의 정답

그림자는 물체가 빛을 가려 검게 나타나는 것이다. 잘못된 부분은 그림과 같다.

비밀 4의 정답

귀신의 머리카락을 잘 살펴보자. 영화감독의 이름인 '아무셔'가 나타난다.

귀신의 정체는 바로 아무셔? 그러나…

　사실 귀신 소동은 영화감독을 맡은 아무셔가 사람들의 관심을 끌기 위해서 벌인 것이었다. 사람들은 모두 웃으면서 촬영을 계속할 수 있게 되었다. 그런데 한 가지 이상한 점이 있다. 거울을 잘 살펴보자. 썰렁홈즈는…… 지금…… 여기에 없다. 그럼 감독과 악수하는 사람은……?

귀트르미니 보일러의 수학 숙제

첫 번째 수학 숙제의 정답

4	9	2
3	5	7
8	1	6

두 번째 수학 숙제의 정답

4	1	2	6	5	7	8	3	9
3	7	5	8	2	9	1	4	6
8	9	6	1	3	4	2	5	7
7	2	9	3	8	6	4	1	5
1	4	3	5	9	2	6	7	8
5	6	8	4	7	1	3	9	2
6	5	1	7	4	8	9	2	3
2	3	4	9	6	5	7	8	1
9	8	7	2	1	3	5	6	4

세 번째 수학 숙제의 정답

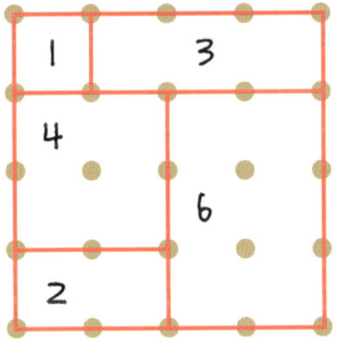

네 번째 수학 숙제의 정답

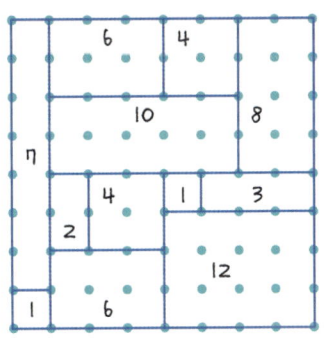

보일러! 수학에 눈 뜨다!

썰렁홈즈와 함께 문제를 모두 푼 보일러는 이제 수학의 재미에 푹 빠지게 되었다. 그런데 정도가 너무 심해졌나?

방 안에 앉아 매일 밥 먹고 수학 문제 풀고, 밥 먹고 수학 문제를 푸는 일만 반복하다 보니 보일러는 몰라보게 뚱뚱하게 되었다. 보일러는 살을 빼기 위해서 다시 수학 문제를 포기해야 하는 것인가……

'토니뽕따이'의 읽어버린 코끼리

첫 번째 착시의 문

두 번째 착시의 문

세 번째 착시의 문

네 번째 착시의 문

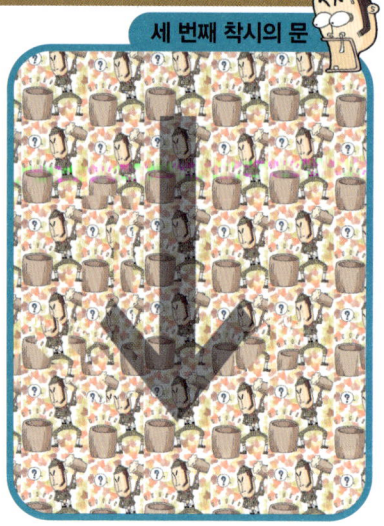

착시 악당은 코비?!

"뭐라고 네가 장난친 거라고?"

착시 악당은 바로, 코비?! 착시 현상을 친구들에게 알리고 싶었던 코비는 몰래 장난을 쳤다는 것이다. 코비의 장난이었음을 안 토니뽕따이는 화가 머리끝까지 났고, 결국 코비에게 따끔한 (?) 무에타이 실력을 보여 주게 되었다. 불쌍한 코비……. 착시의 세계는 멀고도 험하다.

세종대왕릉의 비밀 통로

첫 번째 비밀 통로의 정답

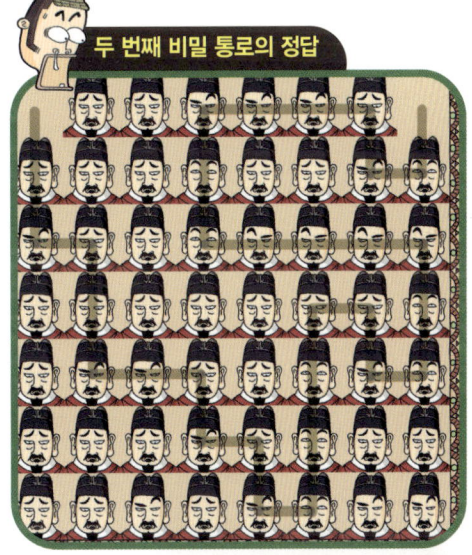

두 번째 비밀 통로의 정답

세 번째 비밀 통로의 정답

네 번째 비밀 통로의 정답

유물의 방은 기념품 판매소?!

여러 가지 역경을 헤치고 드디어 유물의 방에 도착하였다. 그런데 썰렁홈즈는 유물의 방에 들어서자 뒤로 넘어가고 말았다. 세종대왕릉의 비밀 통로는 역사적인 유물 보관소가 아니라 세종대왕과 관련된 기념품을 만들어 파는 기념품 가게가 아닌가? 사실 기념품 가게 주인이 요즘 장사가 안 되자 꾀를 부렸다는 것이다. 그래도 다시 한번 한글의 중요성을 일깨워 주는 하나의 사건으로 기록되었다. 그런데 썰렁홈즈는 뭘 그리 많이 산 거야?!

잃어버린 숲의 색깔을 찾아서

mission 1의 정답

mission 2의 정답
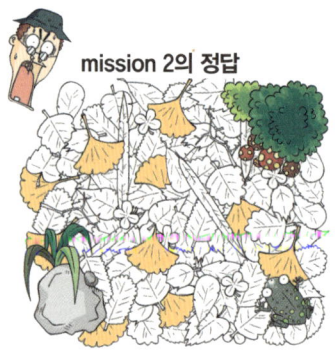

mission 3의 정답

mission 4의 정답

색깔을 다시 찾은 숲

썰렁홈즈는 다시 아름다운 숲을 되찾았다. 아름다운 가을 단풍이 선선한 바람에 흔들리고 있었다. 이런……. 그런데 이런 감상을 하는 동안 김석 작가님은 또다시 잠들어 버리고 말았다. 썰렁홈즈의 바지를 완성하지 못한 채…….

315일간의 우주여행

미션 1의 정답

200광년 떨어져 있다는 것은 빛이 200년을 날아가야 도착한다는 의미이다. 지금 썰렁홈즈가 타고 있는 우주선의 속도가 초속 30km라고 했으므로 빛의 속도인 초속 30만 km와는 10000배 차이가 난다. 따라서 썰렁홈즈가 탄 우주선은 **2000000년 뒤**에 도착할 수 있다.

미션 2의 정답

빨간색 외계인의 수+노란색 외계인의 수+녹색 외계인의 수 + 세 명=전체 외계인 수
전체 외계인 수를 X라고 하면
$$\frac{x}{2}+\frac{x}{4}+\frac{x}{6}+3=X$$
모두 12를 곱하면 6x+3x+2x+36=12X
11X+36=12X 따라서 **전체 외계인 수(X)=36명**이다.

미션 3의 정답

불라리오 5개의 무게가 1kg이라고 하면 불라리오 한 개의 무게는 0.2kg. 1kg의 액체 연료를 만들기 위해서 열 개의 불라리오가 필요하다면 2kg의 불라리오로 1kg의 액체 연료를 만들 수 있다. 따라서 400kg의 액체 연료를 만들기 위해서는 **800kg의 불라리오가 필요**하다.

미션 4의 정답

요일은 일주일을 주기로 되돌아온다. 즉 오늘이 1월 1일이고 토요일이라면 일주일 후인 1월 8일도 토요일이 된다. 썰렁홈즈는 2019년 11월 30일 토요일에 출발했고 정확히 315일 만에 놀아왔나. 315일을 7로 나누면 45로 나누어 떨어진다. 썰렁홈즈가 도착하는 날은 정확히 45주 뒤로 출발과 같은 토요일이 된다.(2020년 10월 10일)

돌아온 썰렁홈즈

우주여행을 무사히 마치고 돌아온 썰렁홈즈는 사람들의 환호와 기대에 답하고자 나름대로 연설문까지 준비했다. 하지만 이게 웬일인가? 그 사이에 행성 PT-28의 우주인들이 먼저 지구로 놀러와 사람들과 함께 사는 것이 아닌가? 이제 우주여행은 아주 흔한 일이 되어 버린 것이다. 쓸쓸한 썰렁홈즈……. 도대체 우주여행은 왜 한 거야? 315일 동안이나…….

말썽꾸러기 조카, '지지리 마란드러'

첫 번째 말썽의 해결
입장권에 나와 있는 사진을 잘 살펴보도록 하자. 정답은 그림에 표시된 입장권이다.

두 번째 말썽의 해결
지지리 마란드러가 15분 전에 타고 멈춘 지 8분이 지났으므로, 자이언트 휠을 타고 움직인 시간은 7분이다. 놀이 기구의 통이 모두 30개이고, 한 바퀴 돌아가는 시간이 21분이므로 한 통이 움직이는 시간은 0.7분이다. 따라서 7분간 움직인 통은 모두 열 개이다. 지지리 마란드러는 6번 통에 타고 있다.

세 번째 말썽의 해결
그림을 잘 살펴보자. 지지리 마란드러는 코끼리 뒤에 숨어 있다.

네 번째 말썽의 해결
한 개의 소화기로 세 군데 불을 끄고 한 군데의 불이 다시 되살아난다고 했으므로 결국 한 개의 소화기로 두 군데의 불을 끄는 것이다. 전체 불난 곳이 스무 군데이므로 열 개의 소화기가 필요하다.

썰렁홈즈 삼촌의 넘치는 사랑

말썽꾸러기 지지리 마란드러는 삼촌의 사랑으로 무사히 집으로 돌아올 수 있었다. 정말 썰렁홈즈는 삼촌의 역할을 잘해낸 것이다. 하지만 그런 보람도 잠시였다. 로보랜드로부터 손해 배상 청구서가 날아왔다. 자이언트 휠 수리비에서부터 서커스 공연장 재건축비까지……

썰렁홈즈는 가족 사랑에 흐뭇해하며 오늘도 청구서를 안고 잠에 든다.
"내가 정말 미쳐~!"

산타다굴러스의 허무한 추락 사건

첫 번째 의문의 정답
사슴들의 발모양을 잘 살펴보도록 하자. ❷번 사슴의 발자국이 굴뚝 앞 미끄러진 흔적 앞에 찍혀 있다.

두 번째 의문의 정답
모두 거짓말일 수 있다. 하지만 싸라기눈이 계속 내리고 바람이 세게 분다면 발자국이 남을 정도로 눈이 쌓이지 않는다. 두 번째 사슴의 말에는 오류가 있다.

세 번째 의문의 정답

네 번째 의문의 정답
사슴들의 말을 잘 조합해 보자. 망볼프가 장난삼아 산타다굴러스를 놀라게 하려고 굴뚝 뒤에서 나오자 산타다굴러스가 놀라면서 미끄러져 떨어졌다. 그 때 다털프는 밧줄로 잡으려다가 산타다굴러스의 목을 감게 되고 또털프가 목에 감긴 밧줄을 끊으려 화살을 쏘았으나 엉덩이에 맞아 떨어졌다. 이 때 아래에서 산타다굴러스를 받으려던 싹쓸프의 뿔에 찔리고 만 것이다.

그런데 왜 그랬니?

결국 세계적인 도둑인 산타다굴러스는 자신이 아끼는 사슴들에 의해 추락사고를 당하고 썰렁홈즈에게 잡히고 말았다. 그래도 다행인 것은 그렇게 추락했어도 살아남았다는 것이다. 이제 썰렁홈즈는 두 다리 쭉 뻗고 크리스마스를 보낼 수 있게 되었다. 하지만 갑자기 의문이 생겼다. 왜 산타다굴러스는 매년 썰렁홈즈의 집을 털었던 것일까? 산타다굴러스는 한 마디만을 남긴 채 경찰에 붙잡혀 갔다.
"사슴들이 시켰어……."
다음 날 이런 기사가 신문에 났다. '썰렁홈즈 옆 마을 모두 털리다! 범인은 사슴 조직으로 확인!' 산타다굴러스 추락사건은 미끼였던 것이다. 올해도 우울한 썰렁홈즈의 크리스마스임에 틀림없다.

홈즈의 새로운 단짝 '다무러'

퀴즈 1의 정답

개는 생후 5개월 간 젖니를 가지며, 이후에 42개의 영구치를 갖는다. 개의 임신 기간은 종에 따라 차이가 있지만 보통 9주 정도이다. 정답은 ❷번과 ❻번 카드.

퀴즈 2의 정답

줄이 엉켜 있는 부분을 잘 관찰해 보자. 정답은 ❻번 줄이다.

퀴즈 3의 정답

❶ 50kg×2 = 100kg → 82000원
❷ 50kg → 37000원(부가세 10% 별도) = 37000원 + 3700원(부가세 10%) = 40700원, 100kg → 81400원
❸ 1kg → 900원, 90kg + 10kg(서비스) = 100kg → 900원×90 = 81000원 따라서 세 번째 행사에서 90kg의 개 사료를 구입하는 것이 가장 싸다.

퀴즈 4의 정답

시속 60km라고 하는 것은 한 시간 즉 60분에 60km를 간다는 의미로, 1km를 가는 데 1분(60초)이 걸린다는 뜻이다. 시속 100km의 경우는 1km를 가는 데 0.6분(36초), 시속 70km는 1km를 가는 데 0.85분(51초)이 걸린다. 따라서 ❶번 동물병원은 20분, ❷번 동물병원은 36분, ❸번 동물병원까지는 42.5분이 걸리므로 ❶번 동물병원으로 가는 것이 가장 빠르다.

싹트는 우정 그러나…

다무러는 동물병원에서 치료를 받고 무사히 집에 돌아왔다. 다무러에게는 썰렁홈즈의 따뜻한 사랑을 확인할 수 있는 좋은 사건이었다. 하지만 그런 사랑의 감동도 잠시였다. 오늘도 썰렁홈즈는 다무러의 식성 때문에 눈물을 흘리고 있다. 다무러는 오늘 점심만 1톤이 넘는 개 사료를 먹어치우고 있다. 1톤은 1000kg, 다무러의 점심 한 끼에 81만 원이다. 왈왈……흑흑 ㅠㅠ.

떡국 만드는 로봇 '떡보트'

문제 1의 정답

서로 맞물려 있는 두 개의 톱니바퀴는 돌아가는 방향이 서로 다르게 되어 있다. 각각의 톱니가 돌아가는 방향을 잘 살펴보도록 하자. 노란색 톱니바퀴가 시계 방향으로 돌아가게 하려면 맨 앞의 톱니바퀴 역시 시계 방향으로 돌려야 한다.

문제 3의 정답

모양과 방향에 따라서 길이가 달라 보이기는 하지만 네 사람이 가지고 있는 젓가락의 길이는 모두 같다.

문제 4의 정답

비록 거품에 가려 있기는 하지만 잘 살펴보면 찾아낼 수 있다. 정답은 그림과 같다.

문제 2의 정답

1인분에 250g의 쌀이 필요하다면 200인분이면 50000g, 즉 50kg이 필요하다. 쌀 한 부대에 20kg이므로 두 부대 반의 쌀이 필요하다.(1000g = 1kg)

넘치는 인정, 밝은 새해

썰렁홈즈의 떡보트로 사람들은 모두 맛있는 떡국을 먹을 수 있었다. 더욱 중요한 것은 떡국의 맛보다 그 고운 마음씨가 아닐까? 사람들은 썰렁홈즈에게 맛있는 강원도 감자와 옥수수를 선물로 주었다. 로봇과 함께 집으로 돌아가는 썰렁홈즈를 밝은 새해의 햇살이 따스하게 비추고 있었다.

'지지리 마란드러'의 밀린 숙제 프로젝트

첫 번째 숙제의 정답
아래의 그림에서 방 안을 잘 살펴보자.
방 안에는 여덟 마리의 파리가 숨어 있다.

두 번째 숙제의 정답
이번 문제는 정해진 답이 없다. 각각 설명을 듣고 사람의 생각이 얼마나 다양한지 한번 생각해 보자.

세 번째 숙제의 정답
원 안의 사각형을 45도 돌려 보자. 작은 사각형의 넓이는 정확히 큰 사각형의 절반이다. 큰 사각형의 넓이가 $50cm^2$이라고 했으므로 작은 사각형은 $25cm^2$이다.

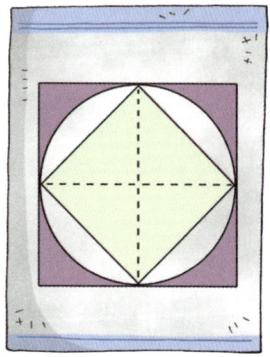

네 번째 숙제의 정답
겨울 방학 일기는 일주일에 세 번 이상 쓰도록 되어 있다. 겨울 방학이 2019년 12월 30일에 시작되었고, 개학이 2020년 2월 6일이므로 일기를 써야 하는 기간은 모두 6주가 된다. 6일이 목요일이므로 일기는 17일을 써야 한다.

'지지리 마란드러'의 마지막 일기

　내일은 즐거운 개학! 지지리 마란드러는 마지막 겨울 방학 일기를 쓰고 있다.
　2월 5일. 날씨 맑음. 제목 : 우리 삼촌 짱!
　난 솔직히 이번 겨울에 놀아도 너무 놀았다. 그래서 숙제를 삼촌이 모두 도와줬다. 엄마, 아빠였다면 아마 밀린 숙제만큼 혼을 냈을 거다. 역시 우리 삼촌 짱! 개학 하면 정말 열심히 공부해서 삼촌한테 자랑해야지. 에구, 삼촌은 지금 코피 흘리며 잠들어 있다……. 숙제를 너무 열심히 했나 보다.

세계적인 게임의 왕 '누그라도 다이겨'

문제 1의 정답

썩은 나무가 빨간색 나무 앞에 있고, 바로 앞은 아니라고 했으므로 밤색 나무는 아니다. 맨 마지막 나무와 그 뒤의 나무 역시 아니므로 보라색, 남색 나무 역시 아니다. 밤색 다음다음 나무는 초록색으로 그 앞의 나무인 파란색 나무와 같이 썩은 나무가 아니다. 힌트에 따른 답은 노란색 나무이지만 늑대의 속삭이는 말에서 힌트 앞의 나무가 썩은 것이라고 했다.
정답은 초록색 나무.

문제 3의 정답

토끼는 "너희는 우리를 잡아서 구워 먹을 거야"라고 했다. 대답이 참이라면 그냥 잡아먹어야 하는데, 대답에서 잡아서 구워먹는다고 했으니 잘못된 것이다. 또, 거짓이라면 잡아서 구워먹는다고 했는데, 대답에서 잡아서 구워먹는다고 했으니 답은 참이 된다. 결국 늑대는 이러지도 저러지도 못하고 토끼를 잡아먹지 못한다.

문제 4의 정답

정답은 다섯 마리.

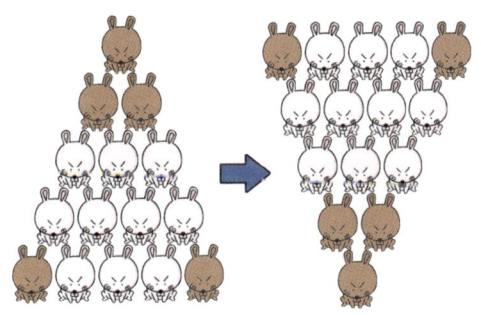

문제 2의 정답

먼저 토끼 한 마리와 늑대 한 마리가 건너간다. 토끼가 돌아온다.
늑대 두 마리가 건너간다. 한 마리 늑대가 긴너온다.
토끼 두 마리가 건너간다. 토끼 한 마리, 늑대 한 마리가 건너온다.
토끼 두 마리가 건너간다.
늑대 한 마리가 건너온다.
늑대 두 마리가 건너간다.
늑대 한 마리가 건너온다.
늑대 두 마리가 건너간다.

썰렁홈즈의 비밀은 무엇?

문제를 모두 해결한 썰렁홈즈였지만 누그라도 다이겨는 약속을 어기고 인터넷에 썰렁홈즈의 비밀을 폭로했다. 폭로한 내용은 다음과 같았다.

"썰렁홈즈는 항상 주먹을 쥐고 산다~!"

쩝…… 뭐야~, 그건 우리 만화 작가님이 손가락을 안 그릴 때라구~. 사실 누그라도 다이겨의 이메일은 썰렁홈즈의 열렬한 팬인 어떤 꼬마 친구가 장난을 친 것이었다. 오늘도 썰렁홈즈는 두 손을 불끈 쥐고 잠을 잔다. 쿨쿨~!

유관순 열사의 마지막 편지

첫 번째 함정 정답
도장은 좌우가 반전이 되어 있는 것이 특징이다. 도장의 모양과 좌우 반전된 모습을 잘 생각해 보자. 정답은 ❸번 도장이다.

두 번째 함정 정답
거울은 앞뒤를 바꾸는 것이 아니라 모습을 그대로 비춰 좌우를 바꾸어 놓는다. 문제에서 말한 것은 함정일 뿐이다. 오른손으로 열라고 했으니까 그냥 오른손으로 열면 된다.

세 번째 함정 정답
그림을 잘 살펴보면 썩지 않고 튼튼한 줄이 어떤 것인지 알 수 있다. 정답은 ❷번 줄이다.

네 번째 함정 정답
숫자의 나열은 바로 윗줄에 나온 숫자를 설명하는 것이다. 따라서 정답은 132231이다.

1
11 ➡ 1이 한 개
12 ➡ 1이 두 개
1121 ➡ 1이 한 개 2가 한 개
1321 ➡ 1이 세 개 2가 한 개
122131 ➡ 1이 두 개 2가 한 개 3이 한 개
132231 ➡ 1이 세 개 2가 두 개 3이 한 개

가슴 아픈 눈물의 편지

결국 썰렁홈즈는 금고를 열어 유관순 열사의 마지막 편지를 찾았다. 편지에는 이런 글이 쓰여 있었다.

"내 손과 다리가 부서져도 그 고통은 이길 수 있으나, 나라 잃은 그 고통만은 견딜 수가 없습니다. 나라에 바칠 수 있는 목숨이 오직 하나밖에 없는 것만이 이 소녀의 유일한 슬픔입니다."

유관순 열사는 일제 강점기에 우리 나라의 독립을 위해 모진 고문을 견디며 옥중에서 숨을 거두었다. 썰렁홈즈의 눈에는 눈물이 흘러내렸다. 무언가 말로 표현할 수 없는 뜨거운 것을 가슴에 느끼며……

종이 나라의 '오려라 공주'

첫 번째 문제의 정답

위쪽 항아리에 담긴 물에 종이를 담가 아래로 연결한다. 물은 모세관 현상에 따라 종이를 타고 아래쪽 항아리로 옮겨진다.

세 번째 문제의 정답

15분짜리 ❶번 물시계를 한 번 작동(15분)시키고 두 번째 작동시킬 때(15분)에 ❷번 물시계를 작동시켰다. 즉 ❷번 물시계는 15분에 작동해서 40분에 끝났으므로 25분 작동한 것이다.

두 번째 문제의 정답

조건에 따라 무거운 순서로 나열하면 노란색, 빨간색, 파란색, 녹색이다. 따라서 종이 띠의 아래에서부터 노란색, 빨간색, 파란색, 녹색의 순서로 나와야 한다.
정답은 ❹번이다.

네 번째 문제의 정답

뫼비우스의 띠의 성질에 관한 문제이다. 한 번 꼬아서 자르면 큰 원이 되고, 두 번 꼬아서 자르면 두 개의 고리가 서로 연결된다.

사랑은 서로를 연결하는 것

오려라 공주, 다저저 왕자는 문제를 풀면서 부모님의 큰 뜻을 알게 되었다. 서로 사랑한다는 것은 항아리의 물을 옮길 때처럼 서로를 도와주어야 한다는 것, 크로마토그래피처럼 속마음을 보여 주어야 한다는 것, 그리고 물시계처럼 서로의 시간을 소중하게 여기며 뫼비우스의 띠처럼 서로가 연결되어 영원히 함께해야 한다는 것이다. 그 어느 때보다 더 성스러운 두 사람의 결혼식날이다. 이제 썰렁 홈즈의 주례로 두 사람은 검은 머리가 파뿌리가 될 때까지 사랑하기로 다짐했다.